이번엔
영어다!

순위

상황**회화**
핵심**표현**

이번엔 영어다! 0순위·상황회화핵심표현

초판 1쇄 인쇄 2019년 6월 21일
초판 1쇄 발행 2019년 7월 1일

지은이	박신규
발행인	임충배
홍보/마케팅	양경자
편집	장혜정, 조은영
디자인	여수빈, 정은진
펴낸곳	도서출판 삼육오 (PUB.365)
제작	(주)피앤엠123

출판신고 2014년 4월 3일
등록번호 제406-2014-000035호

경기도 파주시 산남로 183-25
TEL 031-946-3196 / FAX 031-946-3171
홈페이지 www.pub365.co.kr
ISBN 979-11-90101-03-5[13740]
© 2019 PUB.365 & 박신규

이 도서의 국립중앙도서관 출판예정도서목록 (CIP)은 서지정보유통지원시스템 홈페이지 (http://seoji.nl.go.kr)와
국가자료공동목록시스템 (http://kolis-net.nl.go.kr)에서 이용하실 수 있습니다. (CIP제어번호: CIP2019023337)

이번엔
영어다!

박신규 지음

0순위 · 상황회화 핵심표현

::::: Pub.365

참 오랫동안, 그리고 앞으로도 우리를 힘들게 할 '영어'

잘하고 싶으시죠?

우리가 그 많은 시간 동안

영어를 배우는 데는

취직, 유학, 이민 등

다양한 이유가 있지만

가장 큰 이유는 '말하기' 바로 '소통'을 위해서입니다.

사람과 사람이 만나 가장 먼저 할 수 있는 것이 말하기입니다.

저는 여러분 모두가 "How are you?" "I'm fine, thank you. and you?"에서

벗어나길 바라며 이 책을 썼습니다.

글로벌 시대를 살아가는 지금, 우리에게 영어는 필수가 되었습니다.

그런데 남들 다 있는 시험점수. 정말 원해서 공부하고 취득하셨나요?

그 점수들이 여러분의 말하기에 정말 도움이 되기는 했나요?

다른 과목도 마찬가지일 테지만, 특히 영어공부는 즐거워야 합니다.

〈이번엔 영어다! 0순위 상황회화 핵심표현〉은 문법 설명을 떠나 영어 자체를 자연스럽게 받아들일 수 있도록 쓰여져

재미와 학습을 동시에 잡도록 도움을 드릴 것입니다.

이 책은 여러분이 더 자연스럽고 부드러운 영어를 배울 수 있도록,

다양한 일상을 125가지로 나누고

고민에 고민을 거듭하여 **상황별로** 가장 많이 사용하는 **핵심 표현 125개**를 선정하였습니다.

또한 자칫하면 지루할 수 있는 영어 공부를 더욱 즐겁게 할 수 있도록

마치 **드라마나 영화의 한 장면처럼 구성된 대화문**을 통해 이 표현들을 제시했습니다.

억지로 공부하지 마세요, 모든 일이 그렇듯 배움이란 건 즐거워야 합니다.

여러분이 이 책의 페이지를 한 장씩 넘기며 즐거운 배움의 경험을 쌓으시고,

드디어 마지막 장을 넘길 때 여러분 입에서 영어가 술술 터져 나오는

신기하고 행복한 경험을 직접 해보시길 바랍니다.

저자 박신규

Contents

학습방법

Step 01

상황회화!

- 일상의 리얼한 상황을 제시합니다.
- 학습할 표현이 어떤 상황에서 어떻게 사용되는지 확인해
보세요.

> 샘은 부하 직원 제니에게 고생했다고 말하며 퇴근

Are you ready? Action!

Ⓐ Okay, Jenny, that's it. Well done. You
Ⓑ Thanks. Honestly, I'm just burned ou

Step 02

핵심표현!

That's it. 바로 그거야, 할 일은

상황에 따라 That's it.의 뜻이 조금씩 바뀌죠
it.이라고 하면 '바로 그거야.', '저거야.'가 되
'할 일은 다 했어.', '이제 끝이야.' 처럼 해석돼

유사표현 **That's the way to go.** 바로 그거야

- 하나의 표현이 다양한 의미와 활용법을 가지는 경우도 있습니다.
- 따라서 단순한 암기만으로 표현을 실수 없이 제대로 활용하기 어렵습니다.
- 적절한 상황에서 표현을 자연스럽게 사용하기 위해 알아둬야 하는 포인트!

- 반대로, 비슷한 뜻이지만 표현이 다양한 경우도 있습니다.
- 유사한 의미를 나타내는 다른 다양한 표현들을 함께 학습하세요.
- 다양하고 풍부한 어휘력과 표현력을 가지면 여러분의 영어회화는 더 자연스럽고 매끄러워집니다.

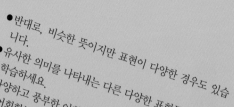

Step 03
유사표현 학습!

It.이라고 하면 바로 그거야.', '저거야.' '할 일은 다 했어.'; '이제 끝이야.' 처럼 해

유사표현 **That's the way to go.** 바로 그거야
Way to go. 잘했어

어휘정리 leave work (now) 퇴근하다 (=punch
(=be exhausted) | honestly 솔직히.

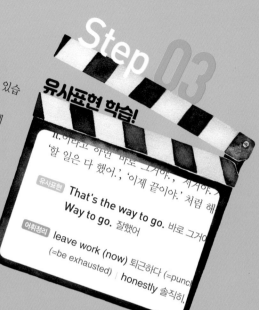

Step 04
필수어휘 학습!

유사표현 **That's the way to go.** 바로 그거야
Way to go. 잘했어

어휘정리 leave work (now) 퇴근하다 (=punch
(=be exhausted) | honestly 솔직히,

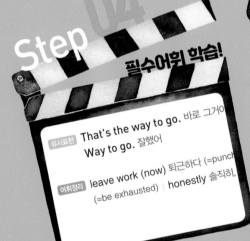

- 영어회화의 시작도 어휘와 표현!
- 대화문 등에 나온 주요 엉휘와 표현을 정리했으니 놓치지 말고 학습하세요.
- 함께 제시된 유사표현까지 확인하세요.

Step 05
대화문 복습!

- 앞서 학습한 상황별 회화를 복습하는 단계입니다.
- 제시된 한글 대사를 보고 영어로 말해보세요.
- 소리내어 말하면 학습효과는 두 배가 됩니다.

- 좋아, 제니, 할 일은 다 했어
- 잘했어
- 지금 퇴근해도 좋아
- 고마워요
- 실은, 일 때문에 완전히 지친 상태거든요

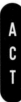

ACT

01

Action English Preview

ACT_01.mp3

Action English 001

상황 회화

샘은 부하 직원 제니에게 고생했다고 말하며 퇴근하라고 얘기하는 상황이에요.

Are you ready? Action!

Ⓐ Okay, Jenny, that's it. Well done. You can leave work now.
Ⓑ Thanks. Honestly, I'm just burned out from work.

Ⓐ 좋아, 제니, 할 일은 다 했어. 잘했어. 지금 퇴근해도 좋아.
Ⓑ 고마워요. 실은, 일 때문에 완전히 지친 상태거든요.

상황 표현

That's it. 바로 그거야, 할 일은 다 했어, 이젠 도리가 없어.

상황에 따라 That's it.의 뜻이 조금씩 바뀌죠. 찾고 있던 물건을 가리키며 That's it.이라고 하면 '바로 그거야.', '저거야.'가 되고, 뭔가 마무리할 때 That's it.은 '할 일은 다 했어.', '이제 끝이야.' 처럼 해석됩니다.

유사표현 That's the way to go. 바로 그거야
Way to go. 잘했어

어휘정리 leave work (now) 퇴근하다 (=punch out) | be burned out 완전 기진맥진하다
(=be exhausted) | honestly 솔직히, 실은 (=in fact, actually)

상황 학습

상황 회화에서 배운 대화문을 복습해 볼까요?

한글에 맞춰 영어로 말해보세요.

● 좋아, 제니, 할 일은 다 했어

● 잘했어

● 지금 퇴근해도 좋아   You can

● 고마워요

● 실은, 일 때문에 완전히 지친 상태거든요 I'm just

Action English 002

상황 회화 ─ 브라이언이 전화상에서 신디에게 좀 더 크게 말해 달라고 부탁하는 상황이에요.

Are you ready? Action!

Ⓐ Cindy, I can't hear you. Can you **speak a little louder**?
Ⓑ Sure, I can.

- -

Ⓐ 신디, 잘 안 들려. 좀 더 크게 말해 줄래?
Ⓑ 물론, 할 수 있지

상황 표현

I can't hear you. 안 들려요.

누군가와 전화 통화를 하다 보면 때로는 상대방의 목소리가 잘 안 들리는 경우가 종종 발생하게 돼요. 원인은 여러 가지겠죠. 이때 목소리가 잘 안 들린다고 얘기할 수밖에 없어요. 바로 I can't hear you.입니다.

`유사표현` **I can't hear you very well.** 잘 안 들려요

`어휘정리` **a little** 조금 (kind of) **speak louder** 좀 더 크게 말하다

상황 학습 ─ 상황 회화에서 배운 대화문을 복습해 볼까요?

`한글에 맞춰 영어로 말해보세요.`

- 신디, _____

- 잘 안 들려 _____

- 좀 더 크게 말해 줄래?   Can you _____

- 물론, _____

- 할 수 있지 _____

Action English 003

상황 회화 · 엄마가 아들 잭에게 술 너무 많이 마시지 말라고 얘기하는 상황이에요.

Are you ready? Action!

Ⓐ Let's get one thing straight. You shouldn't drink too much tonight, okay?

Ⓑ Excuse me? I don't agree. Today is my birthday.

Ⓐ 한 가지 분명히 짚고 넘어가자고. 오늘 밤 술 너무 마시면 안 돼, 알겠어?

Ⓑ 뭐라고 하셨어요? 동의 못 해요. 오늘 내 생일인데.

상황 표현 ·

Let's get one thing straight. 한 가지 분명히 짚고 넘어가죠.

대화하다 보면 서로의 이견으로 종종 충돌하게 됩니다. 의견이 차이가 뭔지를 분명하게 밝히는 것이 정말 중요하죠. Let's get one thing straight.이라고 하면 '한 가지 분명히 짚고 넘어가죠.'의 뜻이에요. 숙어로 get+목적어+straight은 '~을 확실하게 정리하다'입니다.

유사표현 **Let's get it straight.** 분명히 하죠
Let's get this straight. 이것만은 분명히 짚고 넘어가죠

어휘정리 **tonight** 오늘 밤 **birthday** 생일

상황 학습 · 상황 회화에서 배운 대화문을 복습해 볼까요?

한글에 맞춰 영어로 말해보세요.

● 한 가지 분명히 짚고 넘어가자고

● 오늘 밤 술 너무 마시면 안 돼, 알겠어?   You shouldn't

● 뭐라고 하셨어요?

● 동의 못 해요   I don't

● 오늘 내 생일인데

Action English **004**

상황 회화 비행기에 탑승하는 승객에게 승무원이 환영 인사를 건네는 상황이에요.

Are you ready? Action!

Ⓐ Hello. Welcome aboard. Could you show me your boarding pass?
Ⓑ Sure. Here you go.

Ⓐ 안녕하세요. 탑승 환영합니다. 탑승권 좀 보여주시겠어요?
Ⓑ 물론이죠. 여기 있어요.

상황 표현

Welcome aboard. 환영합니다, 탑승 환영합니다.

비행기를 이용해 해외여행을 하다 보면 기내에서 승무원에게 듣는 말이 Welcome aboard.예요. '탑승 환영합니다.'죠. 이 말이 신입사원에게는 '입사 환영합니다.'로, 신입회원에게는 '환영합니다.'의 뜻으로도 사용돼요.

유사표현 Hi.(=Hello) Welcome aboard. 안녕하세요. 탑승 환영합니다

어휘정리 show 보여주다, 가르쳐주다 boarding pass 탑승권

상황 학습 상황 회화에서 배운 대화문을 복습해 볼까요?

한글에 맞춰 영어로 말해보세요.

- 안녕하세요 _____

- 탑승 환영합니다 _____

- 탑승권 좀 보여주시겠어요? Could you _____

- 물론이죠 _____

- 여기 있어요 _____

Action English 005

상황
회화 — 캐런은 오늘 밤 파티에 제인이 올지 궁금해 샘에게 물어보는 상황이에요.

Are you ready? Action!

Ⓐ Sam, do you think Jane will be coming to my party tonight?
Ⓑ Who knows? I mean, nobody knows. We'll just have to wait and see.

- -

Ⓐ 샘, 제인이 오늘 밤 내 파티에 올까?
Ⓑ 누가 알겠어? 내 말은, 아무도 몰라. 두고 보면 알겠지.

상황
표현

Who knows? 누가 알겠어요?

세상일이 어떻게 될지는 아무도 모를 때가 있어요. 그만큼 확실한 답변을 주기가
힘들다는 얘기예요. Who knows?라고 하면 '누가 알겠어요?'의 뜻으로 반어적
인 표현이에요.

유사표현 **Nobody knows.** 아무도 몰라요.
God only knows. 누가 알겠어요? 오직 하느님만 아시죠

어휘정리 think 생각하다 tonight 오늘밤 wait and see 두고 보다

상황
학습 — 상황 회화에서 배운 대화문을 복습해 볼까요?

한글에 맞춰 영어로 말해보세요.

● 샘, 제인이 오늘 밤 내 파티에 올까?　　Do you think _____

● 누가 알겠어?　　_____

● 내 말은,　　_____

● 아무도 몰라　　_____

● 두고 보면 알겠지　　_____

001

You can... ~할 수 있어요, ~해도 돼요

능력이나 가능성을 얘기할 때 조동사 can을 사용합니다. 때로는 '허락'의 의미도 되는데요. You can...은 '~할 수 있어요', '~해도 돼요'의 뜻입니다. 보통 '~해도 돼요'처럼 허락의 뜻으로 사용하는 경우가 대부분이죠.

You can call me later. 나중에 전화해도 돼요.

You can handle it yourself. 혼자서 할 수 있어요.

002

I'm just... 난 그냥 ~해요

왠지 일하기도 싫고 그냥 피곤하기도 하고 그럴 때가 종종 있어요. 자신의 기분이나 상태 따위를 얘기할 때 I'm... 패턴을 사용하는데요, 여기에 부사 just를 넣어 I'm just...라고 하면 '난 그냥 ~해요'의 뜻입니다. 기분이나 상태를 나타내는 형용사나 과거분사(p.p.)가 뒤에 따르죠.

I'm just tired. 난 그냥 피곤해.

I'm just sad. 난 그냥 슬퍼요.

003

Can you...? ~해 줄래요?

Could you...? ~해 주시겠어요?

우리말에는 반말과 존댓말이 있는데요, 영어도 마찬가지죠. 조동사 can 보다는 could로 말하면 좀 더 공손한 표현이 되는 겁니다. '~해 줄래요?'나 '~해 주시겠어요?'처럼 말이에요.

Can you give me a hand? 도와줄래요?

Could you give me some directions? 길 좀 가르쳐주시겠어요?

004

You shouldn't... ~하면 안 돼요

자신의 판단으로 하면 안 될 것 같다고 느껴지면 상대방에게 충고 조로 '~하면 안 돼요' 라고 말하게 됩니다. You shouldn't... 패턴이 이런 상황에 딱(!) 어울리죠.

You shouldn't talk like that.	그런 식으로 말하면 안 돼.
You shouldn't eat this.	이거 먹으면 안 돼요.

005

I don't... ~하지 않아요, ~ 안 해요

일반 동사(동작 동사)를 부정문으로 만들 때 don't나 doesn't가 필요하죠. 즉, I don't...은 '~하지 않아요', '~ 안 해요'예요. 술을 안 한다거나 운전을 안 한다고 할 때 이 패턴이 유용합니다.

I don't drink.	난 술 안 마셔.
I don't exercise.	난 운동 안 해요.

006

Do you think...? 당신은 ~라고 생각하세요?

상대방의 생각을 알고 싶을 때 Do you think...? 패턴을 사용하는데요, 의미는 '당신은 ~라고 생각하세요?'입니다. 동사 think 다음에는 보통 '주어+동사'처럼 절의 구조가 나오죠.

Do you think you can do it?	할 수 있다고 생각해?
Do you think you're smart?	넌 똑똑하다고 생각해?

Action English Preview

ACT_02.mp3

Action English 006

애니는 토니에게 다음 주에 올 건지 물어보는 상황이에요.

Are you ready? Action!

Ⓐ Hey, Tony! Will you be coming next week?
Ⓑ Well, you never know. Why do you ask?

- -

Ⓐ 이봐, 토니! 다음 주에 올 거야?
Ⓑ 글쎄, 어쩌면 그럴지도 몰라. 그건 왜 물어?

You never know. 어쩌면, 아마도, 앞일은 모르는 거야.

살다 보면 좋은 일도 있고 나쁜 일도 있게 마련입니다. 그만큼 미리 앞날을 예측하기란 쉽지는 않죠. 부정적으로 생각하는 사람에게 혹시나 좋은 일이 있을 줄도 모르잖아! 라고 말하면서 위로할 수 있는데요, You never know.가 적절한 표현이에요. '앞일은 아무도 모르는 거예요.'로 어느 정도의 가능성을 나타내는 거죠.

유사표현 **Possibly.** 아마도
Perhaps. 아마도

어휘정리 next week 다음주 ask 묻다, 요청하다 come 오다

상황 회화에서 배운 대화문을 복습해 볼까요?

한글에 맞춰 영어로 말해보세요.

- 이봐, 토니!

- 다음 주에 올 거야?   Will you

- 글쎄,

- 어쩌면 그럴지도 몰라

- 그건 왜 물어?   Why do you

Action English 007

상황 회화

샘이 애니에게 제니퍼가 자신을 좋아하지 않는다고 말하는 상황이에요.

> **Are you ready? Action!**

Ⓐ Annie, you know what? I don't think Jennifer likes me.
Ⓑ What makes you say that? I thought she would like you. I can't believe it.

Ⓐ 애니, 있잖아? 제니퍼가 나 안 좋아하는 거 같아.
Ⓑ 왜 그런 말 하는데? 걔가 널 좋아할 줄 알았는데. 못 믿겠어.

상황 표현

What makes you say that? 왜 그런 말 하죠?

직설적인 Why do you say that? 보다는 좀 더 완곡하게 묻는 말이에요. 같은 말이라도 듣는 사람에 따라 기분 상할 수 있거든요. 뭔가를 직설적으로 묻기보다는 돌려서 얘기하면 한결 대화가 부드러워집니다.

유사표현 **Why are you saying that?** 왜 그런 말 해?

어휘정리 think 생각하다 believe 믿다 know 알다

상황 학습

상황 회화에서 배운 대화문을 복습해 볼까요?

한글에 맞춰 영어로 말해보세요.

- 애니, 있잖아?

- 제니퍼가 나 안 좋아하는 거 같아   I don't think _____

- 왜 그런 말 하는데?

- 걔가 널 좋아할 줄 알았는데   I thought _____

- 못 믿겠어   I can't _____

Action English 008

상황회화 피터에 대한 비밀을 공유하며 대화를 나누는 상황이에요.

Are you ready? Action!

Ⓐ Between you and me, I think Peter is a little naive.

Ⓑ You can say that again. He's so gullible. That's why I don't like him.

Ⓐ 이건 비밀인데, 피터는 좀 순진한 것 같아.

Ⓑ 맞는 말이야. 걘 너무 귀가 얇아. 그래서 난 걔 안 좋아해.

상황표현

Between you and me 우리끼리 이야기인데, 이것은 비밀인데

뭔가를 둘만의 비밀로 지키고 싶을 때, Between you and me라고 하죠. '너와 나 사이'가 아닌 '우리끼리 이야기인데'의 뜻이에요.

유사표현 **This is just between us.** 우리끼리 얘기인데 말이야
Keep it to yourself. 너만 알고 있어

어휘정리 naive 순진한 gullible 속기 쉬운, 아둔한

상황학습 상황 회화에서 배운 대화문을 복습해 볼까요?

한글에 맞춰 영어로 말해보세요.

● 이건 비밀인데,

● 피터는 좀 순진한 것 같아　　　　　　I think

● 맞는 말이야　　　　　　　　　　　　You can

● 걘 너무 귀가 얇아

● 그래서 난 걔 안 좋아해　　　　　　　That's why

Action English 009

거리에서 경찰관과 강도가 서로 대치하고 있는 상황이에요.

Are you ready? Action!

Ⓐ Hey! Freeze! Hold it right there. Don't move.
Ⓑ Okay. You got me.

Ⓐ 이봐! 꼼작 마! 꼼짝 말고 거기 서. 움직이지 마.
Ⓑ 알았어요. 항복.

Freeze. 꼼짝 마, 움직이지 마.

경찰관이 도망가는 강도나 소매치기에게 하는 말 '거기 서.', '꼼짝 마.' 네이티브
들은 Freeze.처럼 한 단어로 말해요. 우리말에도 우스갯소리로 '얼음(?)'하면 동
작을 멈추고 그대로 가만히 있잖아요.

유사표현 **Stop right there.** 거기 안 서
Don't move. 움직이지 마

어휘정리 hold 잡다, 보유하다, 열다 right there 바로 그곳

상황 회화에서 배운 대화문을 복습해 볼까요?

한글에 맞춰 영어로 말해보세요.

● 이봐! 꼼작 마! _____

● 꼼짝 말고 거기 서 _____

● 움직이지 마   Don't _____

● 알았어요   _____

● 항복   _____

Action English 010

케빈이 자신이 직접 공항에 가서 신디를 데려오겠다고 말하는 상황이에요.

Are you ready? Action!

Ⓐ Who's gonna pick up Cindy at the airport today?

Ⓑ I'm on it. No worries. In fact, I'm free this afternoon.

Ⓐ 오늘 누가 공항에서 신디를 데려올 거야?

Ⓑ 내가 할게. 걱정 마. 실은, 오늘 오후에 시간이 되거든.

I'm on it. 제가 할 게요.

미드나 영화에서 자주 나오는 표현이에요. 직역하면 '내가 그것 위에 있다.'예요. 왠지 의미 파악이 쉽지 않네요. 이 말의 속뜻은 '내가 그걸 떠맡겠다.' 즉, '내가 하겠다.'입니다.

유사표현 **I'll take care of it.** 내가 알아서 처리할 게

I'll handle it. 내가 처리할 게

어휘정리 **be gonna** ~할 것이다 (be going to) **airport** 공항 **pick up** 데려오다

상황 회화에서 배운 대화문을 복습해 볼까요?

한글에 맞춰 영어로 말해보세요.

● 오늘 누가 공항에서 신디를 데려올 거야? Who's going to

● 내가 할 게

● 걱정 마

● 실은,

● 오늘 오후에 시간이 되거든 I'm

007

Will you...? ~할 거예요?

미래에 할 일을 미리 결정한 상태가 아닌 불확실할 때 Will you...? 패턴을 사용해요.
의미는 '~할 거예요?'입니다.

Will you attend the party?   그 파티에 참석할 거야?

Will you go out tonight?   오늘 밤 외출할 거예요?

008

Why do you...? 당신은 왜 ~해요?

내가 아닌 상대방에게 이유를 묻고 싶을 때 Why do you...? 패턴을 사용하는데요, '당
신은 왜 ~해요?'이죠. 즉, 지금 하는 말, 지금 하는 행동 속에 담겨 있는 '이유'가 뭔지
알고 싶으니 말해달라고 부탁하는 거예요.

Why do you like me?   넌 날 왜 좋아해?

Why do you cry so much?   왜 펑펑 울어?

009

I thought... ~이라고 생각했어요, ~인 줄 알았어요

자신의 생각과는 정반대되는 상황에 부딪히게 되면 때로는 '~이라고 생각했어요', '~인
줄 알았어요'라고 말하기도 합니다. I thought... 패턴으로 말이에요. 원래는 I thought
that 주어+과거동사.의 구조인데요, 구어체에서는 접속사 that을 생략하여 표현하기도
하죠.

I thought I was right.   내가 옳았다고 생각했어요.

I thought you would be hungry.   배고플 거라고 생각했어.

010
That's why... 그 이유 때문에 ~해요

앞에서 이유를 일일이 언급하고 난 뒤 결론을 내리려고 할 때 That's why...라고 해요. '그 이유 때문에 ~해요'인데요. 예를 들어 사랑하는 이유를 구체적으로 먼저 얘기하고 나서 그다음에 그런 이유로 어떠한 상태라고 말하려고 할 때 That's why... 패턴이 유용하죠.

That's why I like swimming. 　　　　그 이유 때문에 난 수영하는 것을 좋아해요.

That's why he's my type. 　　　　그 이유로 걘 내 타입이야.

011
Don't... ~하지 마요

어떤 행동이나 말을 삼가라고 말할 때 Don't... 패턴을 씁니다. '~하지 마요'로 보통 Don't+일반동사, Don't+be동사+형용사/과거분사(p.p.) 구조를 갖습니다.

Don't go. 　　　　가지 마.

Don't lie to me. 　　　　나에게 거짓말하지 마요.

012
Who's going to...? 누가 ~할 거예요?

미래에 어떤 행동을 누가 취할 건지 궁금할 때 Who's going to...?라고 합니다. 숙어로 be going to+동사원형은 '~할 것이다'예요. 보통 미래에 할 일을 과거에 미리 결정해 둔 상태를 말하는 거죠.

Who's going to do this? 　　　　누가 이거 할 거야?

Who's going to drive? 　　　　누가 운전할 건가요?

ACT

03

ACT_03.mp3

Action English Preview

Action English 011

상황
회화

파티에 처음 초대받은 샘이 익숙지 않은 분위기 때문에 안절부절못하고 있는 상황이에요.

Are you ready? Action!

Ⓐ Jenny, I don't think I belong here. What should I do now?
Ⓑ Sam, calm down. Just be yourself. Everything is gonna be okay.

Ⓐ 제니, 왠지 이곳이 어색해요. 나 지금 어떻게 해야 돼요?
Ⓑ 샘, 진정해요. 그냥 자연스럽게 행동해요. 모든 게 괜찮아질 거예요.

상황
표현

Just be yourself. 그냥 자연스럽게 행동해요, 그냥 평소 모습대로 해요.

평소에 익숙하지 않은 파티나 모임에 초대받게 되면 왠지 낯선 느낌이 들게 마련
입니다. 이때 함께 한 동료나 친구로부터 Just be yourself.라는 말을 듣게 되면
그 의미는 '그냥 자연스럽게 행동하라.'가 되는 거예요.

유사표현 **Just act naturally.** 그냥 자연스럽게 행동해요

어휘정리 **be supposed to** ~할 예정이다, ~해야 한다 **belong** 속하다 **calm down** 진정하다

상황
학습

상황 회화에서 배운 대화문을 복습해 볼까요?

한글에 맞춰 영어로 말해보세요.

● 제니, 왠지 이곳이 어색해요   I don't think

● 나 지금 어떻게 해야 돼요?   What should I

● 샘, 진정해요

● 그냥 자연스럽게 행동해요

● 모든 게 괜찮아질 거예요

Action English 012

부인이 남편에게 늦지 말고 일찍 들어오라고 말하는 상황이에요.

Are you ready? Action!

Ⓐ Honey, don't be long.

Ⓑ Don't worry. I'll be right back. You have my word.

- -

Ⓐ 자기야, 일찍 와요.

Ⓑ 걱정 마. 곧 돌아올게. 약속하지.

I'll be right back. 곧 돌아올게요.

영화 터미네이터 1 마지막 장면에서 나오는 명대사 **I'll be back.**(나 돌아온다)이 기억납니다. 여기에 부사 역할을 하는 **right**를 넣어 표현하면 '곧 돌아올게.'가 되죠.

유사표현 **I'll be back.** 돌아올게
I'll be back in a flash. 즉시 돌아올게요
I won't be long. 금방 올게

어휘정리 **long** 지체하는 **worry** 걱정하다 **word** 말, 언어

상황 회화에서 배운 대화문을 복습해 볼까요?

한글에 맞춰 영어로 말해보세요.

- 자기야,

- 일찍 와요   Don't

- 걱정 마   Don't

- 곧 돌아올게

- 약속하지

Action English 013

상황회화 • 신디가 자신이 하는 말에 집중하라고 탐에게 얘기하는 상황이에요.

Are you ready? Action!

Ⓐ Tom, are you listening to me?
Ⓑ Yeah, I'm listening. Go ahead, keep talking.

Ⓐ 탐, 내 말 듣고 있는 거야?
Ⓑ 응, 듣고 있어. 계속해, 계속 얘기해봐.

상황표현 •

I'm listening. 듣고 있어요.

대화를 시작할 때 상대방의 말에 경청하는 것이 정말 중요한데요, I'm listening. 은 열심히 듣고 있으니 말해 보라는 뜻이에요. 즉, 상대방이 하고자 하는 말에 관심을 보여주는 거예요.

유사표현 **I'm all ears.** 빨리 말해봐
I'm listening to you. 열심히 듣고 있어

어휘정리 listen to ~을 경청하다, ~을 듣다 keep -ing 계속해서 ~하다 talk 말하다

상황학습 • 상황 회화에서 배운 대화문을 복습해 볼까요?

한글에 맞춰 영어로 말해보세요.

● 탐, 내 말 듣고 있는 거야?　　　　　　Are you -ing _____

● 응, 　　　　　　_____

● 듣고 있어 　　　　　　_____

● 계속해, 　　　　　　_____

● 계속 얘기해봐 　　　　　　_____

Action English 014

상황 회화 제임스가 제니에게 함께 영화 보자고 제안하는 상황이에요.

Are you ready? Action!

Ⓐ I'd like to see that new film with you tonight. What do you say?
Ⓑ Good. I'll meet you outside the cinema at 8 p.m. Don't be late.

Ⓐ 오늘 밤 당신과 그 새로운 영화 보고 싶어요. 어때요?
Ⓑ 좋아요. 저녁 8시쯤에 영화관 밖에서 만나요. 늦지 마요.

상황 표현

What do you say? 어때요?

괜찮은 생각이나 아이디어가 있으면 타인과 함께하고 싶은 건 당연하죠. **What do you say?**는 '어때요?'로 먼저 뭔가를 제안하고 나서 상대방의 생각은 어떤지를 알고 싶을 때 사용하는 표현이에요.

유사표현 **Okay.** 좋아

어휘정리 cinema 영화관, 극장 tonight 오늘밤 meet 만나다

상황 학습 상황 회화에서 배운 대화문을 복습해 볼까요?

한글에 맞춰 영어로 말해보세요.

● 오늘 밤 당신과 그 새로운 영화 보고 싶어요 I'd like to _____

● 어때요? _____

● 좋아요 _____

● 저녁 8시쯤에 영화관 밖에서 만나요 I'll _____

● 늦지 마요 Don't be _____

Action English 015

상황
회화 — 수잔이 신디와 헤어진 샘에게 별거 아니니 잊어버리라고 말하는 상황이에요.

Are you ready? Action!

Ⓐ I broke up with Cindy. What am I supposed to do?

Ⓑ Hey, Sam! Stop acting like a baby. Pull yourself together! Just get over her.

Ⓐ 신디랑 헤어졌어. 나 어떻게 해야 돼?

Ⓑ 이봐, 샘! 애처럼 굴지 마. 정신 좀 차려! 그냥 걔 잊어버려.

상황
표현

Pull yourself together. 정신 좀 차려.

좋은 일이나 나쁜 일로 평소와는 사뭇 다른 감정 상태를 보여주는 상대에게 흐트러진 마음을 제대로 추스르라고 말할 때 Pull yourself together.라고 하죠. '정신 좀 차려.'라는 뜻이에요.

유사표현 **Take it easy.** 침착해
Calm down. 침착해
Snap out of it. 정신 좀 차려

어휘정리 act like ~처럼 행동하다 get over 극복하다, 이겨내다 break up with ~와 헤어지다

상황
학습 — 상황 회화에서 배운 대화문을 복습해 볼까요?

한글에 맞춰 영어로 말해보세요.

- 신디랑 헤어졌어

- 나 어떻게 해야 돼?   What am I supposed to

- 이봐, 샘! 애처럼 굴지 마   Stop -ing

- 정신 좀 차려!

- 그냥 걔 잊어버려

ACT 03 패턴 익히며 암기하기

013

What should I...? 무엇을 ~해야 해요?

자신이 처한 힘든 상황 속에서 도대체 어떻게 행동하고 말해야 할지 몰라 답답할 때 아는 지인에게 도움을 요청할 수밖에 없습니다. What should I...?는 '무엇을 ~해야 해요?'의 뜻이에요. 동사 자리에 do나 say를 넣어 표현할 수 있어요.

| **What should I** say? | 뭐라 말해야 할지? |
| **What should I** do now? | 나 지금 뭐해야 돼? |

014

Are you -ing? 당신은 ~하는 중이에요?, 당신은 ~할 거예요?

때로는 지금하고 있는 행동이나 가까운 미래에 취할 행동에 대해 궁금해 묻고 싶을 때가 생겨요. Be -ing처럼 말이에요. Are you -ing?은 '당신은 ~하는 중이에요?'처럼 현재 진행의 의미로 사용되지만 때로는 '당신은 ~할 거예요?'처럼 가까운 미래를 대신하기도 합니다.

| **Are you** tell**ing** the truth? | 진실을 말할 거예요? |
| **Are you** kidd**ing** me? | 지금 장난해? |

015

I'll... ~할 거예요

미래의 할 일을 말할 때 조동사 will을 사용해서 I'll...처럼 표현하면 '~할 거예요'의 뜻입니다. I will을 줄여서 I'll이라고 하죠. 뭔가를 즉흥적으로 결정해서 행동으로 옮기는 경우를 말하는 거예요.

| **I'll** miss you. | 네가 그리울 거야. |
| **I'll** walk you home. | 집까지 바래다줄게요. |

016

Don't be... ~하지 마요

내가 아닌 남에게 Don't be... 패턴으로 말하게 되면 '~하지 마요'가 됩니다. 흥분하지 말라고 하거나 늦지 말라고 얘기할 때 유용하죠. 보통 be동사 다음에는 형용사나 과거분사(p.p.)가 나와요.

| **Don't be** late. | 늦지마. |
| **Don't be** excited. | 흥분하지 마. |

017

What am I supposed to...? 무엇을 ~해야 해요?, 어떻게 ~해야 돼요?

원래 계획된 일이나 해야만 하는 일에 대해 언급할 때 be supposed to+동사원형을 사용합니다. 의문사 what을 함께 사용해 What am I supposed to...?라고 하면 그 뜻은 '무엇을 ~해야 해요?', '어떻게 ~해야 돼요?'이에요.

| **What am I supposed to** do? | 나 어떻게 해야 돼? |
| **What am I supposed to** say? | 무슨 말을 해야 하죠? |

018

Stop -ing ~하지 마요, ~ 좀 그만 해요

내가 싫은 말이나 행동을 상대방이 계속한다면 그것처럼 불쾌한 일은 없을 거예요. 이럴 때 딱 잘라 한마디 하게 되죠. '~하지 마요'라든지 '~ 좀 그만 해요'처럼 말이에요. Stop -ing입니다.

| **Stop** nagg**ing**. | 잔소리 좀 그만해. |
| **Stop** bugg**ing** me. | 날 좀 그만 괴롭혀. |

ACT

04

ACT_04.mp3

Action English Preview

Action English 016

개업 1주년을 기념하여 레스토랑은 단골손님에게 무료로 스테이크를 제공하는 상황이에요.

Are you ready? Action!

Ⓐ Here is your steak. It's on the house.

Ⓑ Oh, really? Thank you so much. Wow, it looks good.

Ⓐ 스테이크 여기 있어요. 공짜예요.

Ⓑ 오, 정말이에요? 고맙습니다. 와우, 맛있어 보여요.

It's on the house. 공짜예요, 무료입니다.

여기서 명사 house는 '집'이 아닌 '술집', '식당'을 의미합니다. 즉, 음식값이나 술값 등을 손님이 아닌 주인들이 부담하겠다는 말이죠. It's on the house.는 '공짜예요.' 또는 '무료예요.'의 뜻입니다.

유사표현 It is free of charge. 공짜입니다

어휘정리 have a drink 술 한잔하다 look good 맛있어 보이다, 안색이 좋아 보이다

상황 회화에서 배운 대화문을 복습해 볼까요?

한글에 맞춰 영어로 말해보세요.

● 스테이크 여기 있어요   Here is _____

● 공짜예요 _____

● 오, 정말이에요? _____

● 고맙습니다 _____

● 와우, 맛있어 보여요   It looks _____

Action English 017

상황 회화

샐리가 토니의 도움에 고맙다고 말하는 상황이에요.

Are you ready? Action!

Ⓐ I can't thank you enough for your help. Without you, I couldn't have done it.

Ⓑ Think nothing of it. That's what friends are for.

Ⓐ 도움 주셔서 정말 감사드립니다. 당신 없었으면, 그걸 해낼 수가 없었을 거예요.

Ⓑ 별거 아니에요. 친구 좋다는 게 뭐예요.

상황 표현

I can't thank you enough. 정말 고맙습니다.

우리말도 감사 표현이 다양한데 영어도 마찬가지예요. 그중에서 I can't thank you enough.은 '난 충분히 감사할 수가 없다.'가 직역이지만 이 말은 감사함의 극대치를 보여주는 거예요. 즉, '정말 고맙습니다.'의 의미예요.

유사표현 Thanks a million. 정말 고마워요
I really appreciate it. 정말 감사드려요
Thanks. 고마워

어휘정리 help 도움 without ~없이, 없다면 think 생각하다 friend 친구

상황 학습

상황 회화에서 배운 대화문을 복습해 볼까요?

한글에 맞춰 영어로 말해보세요.

● 도움 주셔서 정말 감사드립니다

● 당신 없었으면,

● 그걸 해낼 수가 없었을 거예요   I couldn't

● 별거 아니에요

● 친구 좋다는 게 뭐예요!

Action English 018

애슐리가 켄에게 올해 계획이 뭔지 물어보는 상황이에요.

Are you ready? Action!

Ⓐ Ken, can you tell me about your plans for this year?
Ⓑ Well... what can I say? I'm planning to travel overseas this year. I mean it.

- -

Ⓐ 켄, 금년 계획에 대해 말해볼래요?
Ⓑ 어... 뭐랄까요? 올해는 해외여행을 떠날 생각이에요. 진심이에요.

What can I say? 뭐랄까요?, 뭐라고 해야 할까요?

What can I say?를 직역하면 '내가 무엇을 말할 수 있을까?'예요. 속뜻을 파악하기가 쉽지는 않죠. 네이티브들은 '뭐랄까?', '뭐라고 해야 할까?', '뭐라 말해야 할지 모르겠네.'처럼 상황에 맞게 사용합니다.

유사표현 **I don't know what to say.** 무슨 말을 해야 할지 모르겠네요

어휘정리 travel overseas 해외여행을 하다 mean 의미하다, 진심이다
be planning to ~할 계획이다, ~할 생각이다

상황 회화에서 배운 대화문을 복습해 볼까요?

한글에 맞춰 영어로 말해보세요.

● 켄, 금년 계획에 대해 말해볼래요?　　　Can you _____

● 어...　　　　　　　　　　　　　　　　_____

● 뭐랄까요?　　　　　　　　　　　　　　_____

● 올해는 해외여행을 떠날 생각이에요　　　I'm planning to _____

● 진심이에요　　　　　　　　　　　　　　_____

Action English 019

상황 회화

샘과 캐런이 서로 사업에 대해 얘기하면서 대화 나누는 상황이에요.

Are you ready? Action!

Ⓐ We'd better stop chatting. You see, we don't have time for this.
Ⓑ All right. Then let's get down to business.

Ⓐ 잡담은 그만하는 게 좋겠어. 그러니깐, 우린 이럴 시간 없단 말이야.
Ⓑ 알았어. 그럼 본론으로 들어가자고.

상황 표현

Let's get down to business. 본론으로 들어갑시다.

비즈니스상에서 자주 사용하는 말이에요. '본론으로 들어갑시다.'로 숙어로 get down to business라고 하면 그 의미는 '본론에 들어가다', '일에 착수하다'입니다.

유사표현 Let's get back to the main business. 본 의제로 들어갑시다

어휘정리 chat 수다 떨다, 잡담하다   had better ~하는 편이 낫다, ~하는 게 좋겠다
stop 멈추다

상황 학습

상황 회화에서 배운 대화문을 복습해 볼까요?

한글에 맞춰 영어로 말해보세요.

● 잡담은 그만하는 게 좋겠어   We'd better

● 그러니깐,

● 우린 이럴 시간 없단 말이야   We don't have

● 알았어

● 그럼 본론으로 들어가자고

Action English 020

상황
회화

로지가 직장 상사 샘에게 자신의 생각을 말하는 상황이에요.

Are you ready? Action!

Ⓐ With all due respect, I think you're wrong.
Ⓑ Oh, really? I thought I was right. I didn't know that.

Ⓐ 외람된 말이지만, 틀리신 것 같은데요.
Ⓑ 오, 정말이야? 내가 옳았다고 생각했는데. 몰랐네.

상황
표현

With all due respect 외람된 말이지만, 저기 죄송한데요.

윗사람과 상반되는 생각을 언급하고자 할 때 혹시나 자신이 하는 말이 거슬리지
는 않을까 염려될 때가 있어요. With all due respect라고 하면 '외람된 말이지
만'의 의미로 공손한 표현이에요.

유사표현 I hate to say this, but... 이런 말은 하고 싶진 않지만

어휘정리 wrong 틀린, 잘못된 know 알다

상황
학습

상황 회화에서 배운 대화문을 복습해 볼까요?

한글에 맞춰 영어로 말해보세요.

● 외람된 말이지만,

● 틀리신 것 같은데요   I think

● 오, 정말이야?

● 내가 옳았다고 생각했는데   I thought

● 몰랐네   I didn't

ACT 04 패턴 익히며 암기하기

019

Here is... 여기 ~ 있어요

여행을 하다 보면 공항이나 호텔 또는 식당 등에서 뭔가를 요구하는 경우가 생깁니다. 이때 '여기 ~ 있어요'라고 말하고 싶을 때 Here is... 패턴을 사용하죠.

Here is my passport.	여권 여기요.
Here is your ticket.	표 여기 있어요.

020

It looks... ~해 보여요

맛있는 음식을 먹게 되거나 재미없는 드라마나 영화를 보게 될 때 It looks... 패턴을 활용해서 표현할 수 있어요. '~해 보여요'의 뜻입니다. 형용사나 현재분사(-ing)가 동사 look 다음에 나오죠.

It looks good.	맛있겠다.
It looks boring.	지루해 보여요.

021

I can't... ~할 수 없어요, ~ 못해요

I couldn't... ~할 수 없었어요

자신의 능력으로 도무지 할 수 없었던 일에 대해 언급할 때 I couldn't...으로 말하는데요, '~할 수 없었어요'예요. 이 패턴의 초점은 현재가 아닌 바로 과거에 있다는 점입니다. 현재로 표현할 때는 I can't...처럼 말해요.

I can't cook well.	요리 잘 못해요.
I couldn't get there.	거기 갈 수가 없었어요.

022

I'm planning to... ~할 계획이에요, ~할 생각이에요

스스로 미래에 할 일을 말할 때 '~할 계획이에요'라든지 아니면 '~할 생각이에요'처럼 우리는 말하는데요, 네이티브들은 be planning to+동사원형을 활용해서 I'm planning to...처럼 표현하죠. 달리 표현하면 I'm going to...가 됩니다.

I'm planning to rent a car. 　　　　　　　차를 빌릴 계획이야.

I'm planning to change my job. 　　　　　　직업을 바꿀 생각이에요.

023

We'd better... 우리 ~하는 게 낫겠어요, 우리 ~하는 게 좋겠어요

우리는 때론 상대방에게 어떻게 행동하면 좋겠다고 약간의 충고조로 말하게 되는데요, 여기서 had better+동사원형이 바로 그렇습니다. 다시 말해서 We'd better...라고 하면 그 의미는 '우리 ~하는 게 낫겠어요' 또는 '우리 ~하는 게 좋겠어요'예요.

We'd better hurry up. 　　　　　　　　우린 서두르는 게 낫겠어요.

We'd better leave early. 　　　　　　　　우리 일찍 떠나는 게 좋겠어.

024

We don't have... 우리 ~이 없어요

우리말에 '우리 ~이 없어요'를 네이티브들은 동사 have를 사용해 We don't have...처럼 말해요. 동사 have의 목적어가 시간이 될 수도 있고 모임이나 약속이 될 수도 있어요. 상황에 따라 대상이 달라지는 거죠.

We don't have enough time. 　　　　　　우린 시간이 충분치 않아.

We don't have a meeting today. 　　　　　우린 오늘 모임이 없어.

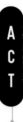

05

ACT_05.mp3

Action English Preview

Action English 021

샘이 지니에게 다시는 지각하지 않겠다고 약속하는 상황이에요.

Are you ready? Action!

Ⓐ You shouldn't be late again. Do I make myself clear?

Ⓑ Yes. It won't happen again. I promise you.

Ⓐ 또 늦으면 안 돼. 내 말 알겠어?

Ⓑ 네. 다신 그런 일 없을 거예요. 당신께 약속하죠.

Do I make myself clear? 내 말 알겠어?, 내 뜻 알겠어?

보통 윗사람이 아랫사람에게 하는 말이에요. Do I make myself clear?는 '내 말 알겠어?', '내 뜻 알겠어?'예요. 자신이 하는 말을 정확하게 이해했는지를 확인 차 묻는 표현이죠.

유사표현 **Is that clear?** 알겠어?

Do you get my point? 내 말 뜻 알겠어요?

어휘정리 **promise** 약속하다 **happen** 발생하다 **be late** 지각하다

상황 회화에서 배운 대화문을 복습해 볼까요?

한글에 맞춰 영어로 말해보세요.

● 또 늦으면 안 돼   You shouldn't _____

● 내 말 알겠어?   _____

● 네   _____

● 다신 그런 일 없을 거예요   _____

● 당신께 약속하죠   _____

Action English 022

상황 회화 브라이언이 애니에게 자신이 하는 말을 꼭 새겨두라고 말하는 상황이에요.

Are you ready? Action!

Ⓐ Annie! Listen. Stop messing things up on this. Okay?
Ⓑ No worries. I'll try to do my best.

Ⓐ 애니! 잘 들어. 이 일 망치지 마. 알았어?
Ⓑ 걱정 마. 최선을 다해 볼게.

상황 표현

Stop messing things up. 일 망치지마.

자동사로 mess는 '망쳐 놓다'예요. 한마디로 무언가를 혼란 상태로 빠트려 놓는 거죠. Stop messing things up.은 '일을 망치지 말라.'라는 뜻입니다.

유사표현 Don't mess things up. 일 망치지마
Don't mess this up. 망치지마

어휘정리 do one's best 최선을 다하다 worry 걱정하다

상황 학습 상황 회화에서 배운 대화문을 복습해 볼까요?

한글에 맞춰 영어로 말해보세요.

● 애니! 잘 들어

● 이 일 망치지 마

● 알았어?

● 걱정 마

● 최선을 다해 볼게   I'll try to

Action English 023

상황 회화

너무도 빨리 걸음을 재촉하는 샘에게 애슐리가 천천히 가라고 얘기하는 상황이에요.

Ⓐ Sam, wait up! You're going too fast. Slow down.
Ⓑ Okay, okay. I got it.

Ⓐ 샘, 기다려! 너무 빨리 가고 있잖아. 천천히 좀 가.
Ⓑ 알았어, 알았다고.

상황 표현

Wait up! 기다려요!

보통 앞에 가는 사람을 뒤따라가면서 상대방에게 외치는 말이에요. '기다려!'로 Wait up!은 사용빈도가 높은 편이죠.

유사표현 **Wait up for me!** 좀 기다려줘
Wait up a minute. 잠시만 기다려

어휘정리 **go too fast** 너무 빨리 가다 **get** 이해하다 **slow down** 속도 줄이다. 천천히 가다

상황 학습

상황 회화에서 배운 대화문을 복습해 볼까요?

한글에 맞춰 영어로 말해보세요.

● 샘, 기다려!

● 너무 빨리 가고 있잖아   You're -ing

● 천천히 좀 가

● 알았어,

● 알았다고

Action English 024

상황 회화 ── 잭이 수잔에게 자신이 한 말은 농담이라고 얘기하는 상황이에요.

Are you ready? Action!

Ⓐ Are you saying that **I'm kind of a picky person**?

Ⓑ Oh, no. **Don't take it personally.** I'm just **kidd**ing. I'm **not being serious.**

- -

Ⓐ 내가 좀 까다롭다는 얘긴가요?

Ⓑ 오, 아니요. 오해하진 말아요. 그냥 농담한 거예요. 진심은 아니에요.

상황 표현 ──

Don't take it personally. 기분 나쁘게 생각하지 말아요.

자신의 행동이나 말을 상대가 혹시나 오해하거나 기분 나쁘게 받아들인다면 당황할 수밖에 없어요. 이때 원래부터 그럴 의도는 없었다고 말하면서 오해하지 말라고 부탁하게 되죠. Don't take it personally.입니다.

유사표현 **Don't take it seriously.** 심각하게 받아들이지는 마요
Don't get me wrong. 오해하지 말아요

어휘정리 picky 까다로운 personally 개인적으로 serious 진지한

상황 학습 ── 상황 회화에서 배운 대화문을 복습해 볼까요?

한글에 맞춰 영어로 말해보세요.

● 내가 좀 까다롭다는 얘긴가요? Are you saying that _____

● 오, 아니요 _____

● 오해하진 말아요 _____

● 그냥 농담한 거예요 I'm just -ing _____

● 진심은 아니에요 I'm _____

Action English 025

제니가 직접 만든 케이크를 부루스에게 보여주는 상황이에요.

Are you ready? Action!

Ⓐ Bruce, check this out. I just made a cake all by myself.
Ⓑ Oh, yeah? I'm impressed. My mouth is already watering.

Ⓐ 부루스, 이것 좀 봐요. 방금 혼자서 케이크 만들었어요.
Ⓑ 오, 그래? 놀랍군. 이미 군침이 도는데.

I'm impressed. 깜짝 놀랐어요.

상대방의 능력이나 언변을 칭찬할 때 I'm impressed.라고 합니다. 타동사 impress는 '감동시키다'지만 구어체에서는 '깜짝 놀라다'라는 뜻이에요. 즉, I'm impressed.는 '깜짝 놀랐어.'의 의미죠.

유사표현 **Very impressive.** 대단한데
Pretty impressive. 대단한데

어휘정리 all by oneself 혼자서 water 군침이 돌다 already 이미, 벌써 mouth 입

상황 회화에서 배운 대화문을 복습해 볼까요?

한글에 맞춰 영어로 말해보세요.

● 부루스, 이것 좀 봐요

● 방금 혼자서 케이크 만들었어요   I just

● 오, 그래?

● 놀랍군

● 이미 군침이 도는데

025

I'll try to... ~해 볼게요, ~하도록 해 볼게요

노력하면 안 될 일은 없어요. 숙어로 try to+동사원형은 '~하려고 노력하다'죠. 그러므로 I'll try to...라고 하면 '~해 볼게요', '~하도록 해 볼게요'의 의미예요. 스스로 뭔가를 행동으로 옮겨보도록 노력하겠다는 뜻이 내포된 거예요.

I'll try to be patient.   인내심을 가져보도록 할게요.

I'll try to call him again.   개에게 다시 전화해 볼게.

026

You're -ing 당신은 ~하는 거예요

내가 아닌 상대방이 지금 하고 있는 행동에 '당신은 ~하는 거예요'라고 말하며 뭔가를 단정 지어서 언급할 때 사용되는 패턴이 바로 You're -ing이에요.

You're kidd**ing** me.   설마 농담이겠지!

You're do**ing** really well.   너 정말 잘하고 있어.

027

Are you saying that...? ~이라는 말인가요?, ~하다는 얘긴가요?

때로는 이해가 안 되는 얘기나 터무니없는 말을 상대방이 하게 되면 우린 '~이라는 말인가요?', '~하다는 얘긴가요?'라는 식으로 따지듯 다시 묻게 됩니다. 네이티브들은 이런 상황 속에서 Are you saying that...?이라고 말하죠. 여기서 that은 접속사이기에 뒤에 '주어+동사'처럼 절의 구조가 나옵니다.

Are you saying that I'm picky?   내가 까칠하다는 얘기야?

Are you saying that you didn't know that? 그걸 몰랐다는 말인가요?

028

I'm just -ing 그냥 ~하고 있어요, 그냥 ~하는 거예요

우리도 누군가가 다가와 '뭐 하고 있어요?'라고 물어오면 '그냥 ~하고 있어요'라든지 '그냥 ~하는 거예요'라고 말할 때가 있어요. 네이티브들은 부사 just를 사용해서 I'm just -ing처럼 표현하죠.

I'm just cooking.	그냥 요리하고 있어.
I'm just watching TV.	그냥 TV 보고 있어요.

029

I just... 난 방금~

방금 전에 자신이 한 행동을 단정 지어 말할 때 I just...(난 방금~)라고 합니다. 여기서 부사 just는 '방금', '이제', '막'의 뜻이에요.

I just got here.	난 방금 도착했어.
I just spent all my money.	방금 돈을 다 써버렸어.

030

I'm... 난 ~해요, 난 ~이에요

일상생활 속에서 자신의 이름이나 신분 아니면 감정이나 상태를 타인에게 말할 때가 있는데요, I'm... 패턴은 '난 ~해요'(감정, 상태), '난 ~이에요'(이름, 국적, 신분)의 뜻입니다.

I'm depressed.	우울해.
I'm Sam.	샘이에요.

06

ACT_06.mp3

Action English Preview

Action English 026

상황회화 피터가 제니에게 떠날 준비가 되었는지 물어보는 상황이에요.

Are you ready? Action!

Ⓐ Hang on a second. Okay. Are you ready?

Ⓑ Yeah. I'm all set.

Ⓐ 잠깐만. 좋아. 준비됐니?

Ⓑ 응. 다됐어.

상황표현

Hang on a second. 잠깐만요, 잠시 기다리세요.

하고 있던 동작을 잠시만 멈추라고 할 때나 전화를 끊지 말고 기다리고 있으라고 할 때 사용합니다. Hang on a second.라고 하면 '잠깐만요.'의 뜻이에요. 명사 second는 여기서 '(시간) 초'가 아닌 '잠깐'의 의미입니다.

유사표현 **Wait a minute.** 잠깐만
Hold on. 기다려
Hang on. 기다려
Just a sec. 잠깐만요

어휘정리 ready 준비된 be all set 준비가 되어 있다

상황학습 상황 회화에서 배운 대화문을 복습해 볼까요?

한글에 맞춰 영어로 말해보세요.

● 잠깐만 _____

● 좋아 _____

● 준비됐니? Are you _____

● 응 _____

● 다됐어 I'm _____

Action English 027

상황 회화

마이클이 써니에게 포기하지 말라고 말하는 상황이에요.

Are you ready? Action!

Ⓐ Sunny! I don't want you to give up. Do you hear me?
Ⓑ Yes, I understand.

Ⓐ 써니! 난 네가 포기 안 했으면 해. 내 말 알겠어?
Ⓑ 응. 이해돼.

상황 표현

Do you hear me? 내 말 알겠어?

자신이 하는 말을 다시금 강조하고 싶을 때 Do you hear me?라고 합니다. 구어체에서 '내 말 알겠어?'라는 뜻으로 사용됩니다.

유사표현 **You hear me?** 내 말 알겠어?

어휘정리 give up 포기하다 understand 이해하다

상황 학습

상황 회화에서 배운 대화문을 복습해 볼까요?

한글에 맞춰 영어로 말해보세요.

● 써니!

● 난 네가 포기 안 했으면 해   I don't want you to _____

● 내 말 알겠어?   _____

● 응,   _____

● 이해돼   _____

Action English 028

상황
회화 조가 신디의 차를 빌리려고 하는 상황이에요.

Are you ready? Action!

Ⓐ Cindy, can I borrow your car? I mean, let me use your car for a couple of days.
Ⓑ What? Not a chance.

- -

Ⓐ 신디, 차 좀 빌릴 수 있을까? 내 말은, 이틀 정도 네 차 좀 쓰자.
Ⓑ 뭐라고? 그건 안 돼.

상황
표현

Not a chance. 그건 안 돼요, 말도 안 돼요.

상대방의 요청을 단호하게 거절할 때 사용하는 표현이에요. Not a chance.는 '절대 안 돼.' 또는 '말도 안 돼.'라는 뜻이죠. 그럴 가능성이 아주 희박함을 나타내는 거예요.

유사표현 **Not a million years.** 말도 안 돼
Dream on. 꿈도 아무지군
No way. 절대로 안 돼

어휘정리 **borrow** 빌리다 **a couple of days** 이틀 **use** 사용하다

상황
학습 상황 회화에서 배운 대화문을 복습해 볼까요?

한글에 맞춰 영어로 말해보세요.

● 신디, 차 좀 빌릴 수 있을까?   Can I

● 내 말은,

● 이틀 정도 네 차 좀 쓰자   Let me

● 뭐라고?

● 그건 안 돼

Action English 029

상황 회화 — 캐런이 오랫동안 만남이 없던 피트를 우연히 다시 만나게 되는 상황이에요.

Are you ready? Action!

ⓐ Oh, look who's here! If it isn't you, Pete! Good to see you. How have you been?
ⓑ I've been doing well, thanks.

- -

ⓐ 어, 이게 누구야! 피트 아냐! 만나서 반가워. 어떻게 지냈던 거야?
ⓑ 잘 지내고 있었어. 고마워.

상황 표현

How have you been? 어떻게 지내고 있었어요?

안부 인사 중에 How have you been?는 '어떻게 지내고 있었어요?'의 뜻이에요.
오랫동안 만남이 없던 지인들을 우연히 마주치게 되면 안부 따위를 묻게 되는데
요, 이때 유용하게 사용할 수 있는 표현이죠.

유사표현 **What have you been up to?** 요즘 뭐 하고 지냈어요?

어휘정리 **see** 보다 **do well** 잘 지내다

상황 학습 — 상황 회화에서 배운 대화문을 복습해 볼까요?

한글에 맞춰 영어로 말해보세요.

- 어, 이게 누구야! _____

- 피트 아냐! _____

- 만나서 반가워 _____

- 어떻게 지냈던 거야? _____

- 잘 지내고 있었어, 고마워   I've been -ing

Action English 030

상황
회화 · 샘이 여자 친구 제니에게 양해를 구하는 상황이에요.

Are you ready? Action!

ⓐ Can I take a rain check? How about on Thursday?

ⓑ What? On the day of your mother's birtday party? Absolutely not!

ⓐ 다음 기회로 미루면 안 될까? 목요일 어때?

ⓑ 뭐라고? 네 어머님 생신 파티 날에? 절대로 안 돼!

상황
표현 ·

Absolutely not. 절대로 안 돼요.

부사 absolutely가 not과 함께 사용하면 부정어 not의 의미를 강조해 주는 역할을 하는 거예요. '절대로 안 돼.'의 뜻입니다.

> 유사표현 **Of course not.** 당연히 안 되지
> **Certainly not.** 당치 않아요

> 어휘정리 take a rain check 다음으로 미루다

상황
학습 · 상황 회화에서 배운 대화문을 복습해 볼까요?

한글에 맞춰 영어로 말해보세요.

● 다음 기회로 미루면 안 될까?   Can I _____

● 목요일 어때?   How about _____

● 뭐라고?   _____

● 네 어머님 생신 파티 날에?   _____

● 절대로 안 돼!   _____

ACT **06** 패턴 익히며 암기하기

031

Are you...? 당신은 ~해요?

아는 지인과 대화를 나누다 보면 여러 가지 사적인 질문도 할 수 있고 그 사람의 기분이나 상태를 물어볼 수도 있어요. Are you...?에서 뒤에는 형용사나 과거분사(p.p.)가 나오는데요, 의미는 '당신은 ~해요?'예요.

Are you okay? 괜찮아요?

Are you interested? 관심 있어요?

032

I don't want you to... 당신이 ~ 하지 않았으면 해요

내가 아닌 상대방이 뭔가 하지 않았으면 하는 바람으로 I don't want you to… 패턴을 사용할 수 있어요. 뜻은 '당신이 ~하지 않았으면 해요'입니다.

I don't want you to go out. 난 네가 외출 안 했으면 해.

I don't want you to work today. 오늘은 당신이 일 안 했으면 해요.

033

Can I...? ~ 좀 해도 돼요?

구어체에서 Can I...? 패턴을 사용할 때는 '능력'보다는 '허락'에 초점이 맞춰져 있는 거예요. 다시 말해서 어떤 행동을 하기 전에 먼저 상대방으로부터 허락이나 승낙 따위를 얻고자 할 때 '~ 좀 해도 돼요?'라는 뜻으로 사용되는 말이랍니다.

Can I use your computer? 네 컴퓨터 좀 사용해도 돼?

Can I stay here? 여기 있어도 돼요?

034

Let me... 내가 ~할게요

스스로 뭔가를 하게 허락해 달라고 할 때 네이티브들은 사역동사 let을 사용합니다. Let me... 패턴은 '내가 ~할게요'인데요, 다른 말로 하면 Allow me to...(내가 ~하도록 허락해주세요)이죠.

Let me help you. 내가 도와줄게.

Let me ask you something. 내가 뭣 좀 물어볼게요.

035

I've been -ing ~해오고 있었어요

오랜 전부터 지금까지 지속적으로 해오고 있었던 동작을 표현할 때 I've been -ing(현재완료 진행형) 패턴이 적절합니다. 의미는 '~해오고 있었어요'이죠. 즉, 과거나 지금이나 계속 진행 중임을 표현하는 거예요.

I've been learn**ing** English for 2 years. 2년 동안 영어를 배우고 있었어요.

I've been work**ing** here for a long time. 오랫동안 여기서 일해오고 있었어.

036

How about...? ~하는 게 어때요?

상대방에게 뭔가를 제안하고 싶을 때 How about…? 패턴을 사용합니다. 바로 뒤에 명사나 동명사가 목적어로 나오죠. 의미는 '~하는 게 어때요?'입니다.

How about on Monday? 월요일이 어때요?

How about going to the movies? 극장에 가는 게 어때?

ACT

07

ACT_07.mp3

Action English Preview

Action English 031

상황
회화 뭔가 걱정스러워 보이는 클라라에게 토니가 무슨 문제라도 있는지 물어보는 상황이에요.

Are you ready? Action!

Ⓐ Hey, Clara! What's wrong? What is it?
Ⓑ I'm freaking out. I think I lost my car keys again!

Ⓐ 이봐, 클라라! 왜 그래? 무슨 일인데?
Ⓑ 미쳐 버리겠어. 차 열쇠 또 잃어버린 것 같아!

상황
표현

I'm freaking out. 난 멘붕 상태에요. (놀라) 미쳐 버리겠어요.

어떤 일로 인해 정신 못 차릴 정도로 흥분되거나 동요를 일으킬 때 freak out(흥분하다)이라고 합니다. I'm freaking out.이라고 하면, 요즘 말로 '멘붕 상태야.'입니다.

유사표현 **You always make me freak out.** 넌 날 항상 열 받게 해

어휘정리 **wrong** 틀린, 잘못된 **car key** 차 열쇠 **again** 다시

상황
학습

상황 회화에서 배운 대화문을 복습해 볼까요?

한글에 맞춰 영어로 말해보세요.

● 이봐, 클라라!

● 왜 그래?

● 무슨 일인데?

● 미쳐 버리겠어

● 차 열쇠 또 잃어버린 것 같아!   I think

Action English 032

상황 회화

캐런이 자신을 대단한 사람처럼 생각하는 토니에게 충고조로 한마디 하는 상황이에요.

Are you ready? Action!

Ⓐ Tony, who do you think you are? You're nothing.

Ⓑ What? Get out. I don't want to talk to you anymore.

Ⓐ 토니, 네가 대단한 줄 아는데? 너도 별 볼 일 없어.

Ⓑ 뭐? 나가. 더 이상 얘기하고 싶지 않아.

상황 표현

Get out. 나가.

꼴도 보기 싫은 사람이 앞에 있으면 당장 나가라고 얘기하죠. 얼굴도 보기 싫고 얘기도 하기 싫고 그렇습니다. 네이티브들은 **Get out.**이라고 말해요. 한마디로 '나가.'예요.

유사표현 **Beat it.** 꺼져
Go away. 저리 가
Get out of here. 당장 나가

어휘정리 **think** 생각하다 **talk to** ～와 얘기하다 **anymore** 더 이상

상황 학습

상황 회화에서 배운 대화문을 복습해 볼까요?

한글에 맞춰 영어로 말해보세요.

● 토니, 네가 대단한 줄 아는데?

● 너도 별 볼 일 없어   You're

● 뭐?

● 나가

● 더 이상 얘기하고 싶지 않아   I don't want to

Action English 033

존슨이 제이에게 술 한 잔 사주겠다고 제안하는 상황이에요.

Are you ready? Action!

Ⓐ I'd like to buy you a drink. It's on me. What do you say?

Ⓑ Sorry, but I'm not interested.

Ⓐ 술 한 잔 사드리고 싶은데요. 제가 쏠게요. 어때요?

Ⓑ 미안하지만, 관심 없어요.

I'm not interested. 관심 없어요.

어떤 것에 흥미가 없으면 관심도 없게 마련이에요. I'm not interested.는 '관심 없어요.'처럼 사용되죠. 남의 제안 따위에 때로는 자신의 생각을 소신 있게 말하는 게 중요할 때도 있습니다.

유사표현 **I have no interest.** 관심 없어요

어휘정리 **What do you say?** (제안) 어때요? **drink** 술, (술) 마시다

상황 회화에서 배운 대화문을 복습해 볼까요?

한글에 맞춰 영어로 말해보세요.

● 술 한 잔 사드리고 싶은데요   I'd like to _____

● 제가 쏠게요   _____

● 어때요?   _____

● 미안하지만,   _____

● 관심 없어요   _____

Action English 034

**상황
회화**

• 캐서린은 샘에게 서둘러 직장으로 출근하라고 얘기하는 상황이에요.

Are you ready? Action!

Ⓐ Where are you, Sam? You're gonna be late for work.

Ⓑ I know, I know. I'm almost there.

- -

Ⓐ 어디야, 샘? 넌 직장에 지각하게 될 거야.

Ⓑ 알아, 나도 알고 있어. 거의 다 왔어.

**상황
표현**

I'm almost there. 거의 다 왔어요.

자신을 기다리고 있는 친구나 동료들이 아직 도착하려면 멀었냐고 물어볼 때,
I'm almost there.라고 대답할 수 있어요. '거의 다 왔어.'라는 뜻이죠.

유사표현 **We're almost there.** 우리 거의 다 왔어

어휘정리 be late for ~에 늦다 know 알다 be going to ~할 것이다

**상황
학습**

• 상황 회화에서 배운 대화문을 복습해 볼까요?

한글에 맞춰 영어로 말해보세요.

● 어디야, 샘?

● 넌 직장에 지각하게 될 거야   You're going to

● 알아,

● 나도 알고 있어

● 거의 다 왔어

Action English 035

상황 회화

캔이 루시의 반복되는 변명에 지겹다고 얘기하는 상황이에요.

Are you ready? Action!

Ⓐ I'm so sorry. It won't happen again. I promise.

Ⓑ Cut it out. I'm sick of bad excuses.

Ⓐ 정말 미안해. 이런 일은 다신 없을 거야. 약속할게.

Ⓑ 그만 좀 해. 궁색한 변명 지겨워 죽겠어.

상황 표현

Cut it out. 그만 좀 해, 그만 귀찮게 해.

누군가의 행동이나 말이 자신을 짜증 나게 하거나 신경 거슬리게 만든다면 '그만 좀 해.'라고 말하게 되죠. Cut it out.이에요.

유사표현 **Knock it off.** 그만 좀 해
Stop it. 그만해
Cut the crap. 헛소리 하지 마

어휘정리 promise 약속하다 be sick of ～이 지겹다 excuse 변명

상황 학습

상황 회화에서 배운 대화문을 복습해 볼까요?

한글에 맞춰 영어로 말해보세요.

● 정말 미안해   I'm so

● 이런 일은 다신 없을 거야

● 약속할게

● 그만 좀 해

● 궁색한 변명 지겨워 죽겠어   I'm sick of

ACT **07** 패턴 익히며 암기하기

037

You're... 당신은 ~해요

지금 내가 아닌 타인의 감정이나 기분 또는 상태 따위를 말할 때 You're... 패턴을 사용합니다. '당신은 ~해요' 인데요, 다시 말해서 감정, 기분, 상태를 표현할 때 형용사나 분사가 필요하죠.

You're wrong. 틀렸어.

You're doing great. 잘하고 있어.

038

You're going to... 당신은 ~하게 될 거예요

현재가 아닌 미래의 일을 말할 때 be going to+동사원형이 필요해요. You're going to...는 '당신은 ~하게 될 거예요'의 뜻인데요, 자신의 생각으로 상대방이 어떠할 것이라고 생각될 때 이 패턴으로 말하게 되죠.

You're going to be late. 넌 지각하게 될 거야.

You're going to be alright. 당신은 괜찮을 거예요.

039

I'm sick of... 난 ~이 지겨워요, 난 ~에 질렸어요

일상생활 속에서 똑같은 음식을 먹거나 같은 일을 계속하게 되면 나도 모르게 '난 ~이 지겨워요' 또는 '난 ~에 질렸어요'처럼 말하며 한탄하게 됩니다. I'm sick of...인데요, 여기서 형용사 sick와 전치사 of가 함께 사용되어 be sick of처럼 말하면 그 뜻은 '~이 지겹다', '~에 질려버리다'가 됩니다.

I'm sick of driving every day. 매일 운전하는 게 지겨워.

I'm sick of my work. 난 내 일에 질려버렸어.

040

I don't think... ~인 것 같지 않아요

I think... ~인 것 같아요

동사 think는 원래 '생각하다'의 의미예요. 하지만 구어체에서 I think... 또는 I don't think...처럼 말할 때 여기서 think는 '생각하다' 보다는 '~인 것 같다', '~인 것 같지 않다'처럼 자신의 생각을 조금 누그러뜨려 표현하는 말이 되는 거죠.

I don't think I'm wrong.   내가 틀린 것 같진 않아.

I think she's quiet.   걘 조용한 것 같아.

041

I'd like to... ~하고 싶어요

하고 싶은 일이 있을 때 동사 want가 뭔가 생각나죠. 하지만 네이티브들은 같은 의미로 would like to+동사원형을 사용합니다. 원래 동사 like는 '좋아하다'지만 would like to처럼 표현하면 '좋아하다'가 아닌 '~하고 싶어요'처럼 공손한 의미가 되는 거죠. 그래서 I would like to...는 '~하고 싶어요'의 의미예요.

I'd like to travel.   여행하고 싶어요.

I'd like to learn to cook.   요리 배우고 싶어요.

042

I don't want to... ~하고 싶지 않아요

때로는 뭔가가 하기 싫을 때가 있어요. I don't want to... 패턴으로 말하는데요, 뜻은 '~하고 싶지 않아요'로 여기서 to는 전치사가 아닌 to부정사(to+동사원형)입니다. 그래서 뒤에 바로 동사원형을 취합니다.

I don't want to break my word.   약속을 어기고 싶지 않아요.

I don't want to lose you.   난 당신을 잃고 싶지 않아요.

ACT

08

ACT_08.mp3

Action English Preview

Action English 036

상황 회화

용기가 없어 뭔가 하길 두려워하는 벨라에게 토마스가 격려의 한마디를 건네는 상황이에요.

Are you ready? Action!

Ⓐ I don't know if I can do this alone.
Ⓑ Well, better late than never. Just go for it.

Ⓐ 혼자 이걸 잘할 수 있을지 모르겠어.
Ⓑ 글쎄, 결코 늦지 않았어. 한 번 부딪혀 봐.

상황 표현

Better late than never. 결코 늦지 않았어요.

우리는 '가장 늦었다고 생각할 때가 가장 빠른 때지.'라고 합니다. 뭐든지 말이 아닌 행동으로 옮기는 게 중요하죠. Better later than never.(결코 늦지 않았어요)처럼 말이에요.

유사표현 **Half a loaf is better than none.** 아주 없는 것보다는 낫다

어휘정리 **alone** 혼자서 **know** 알다

상황 학습

상황 회화에서 배운 대화문을 복습해 볼까요?

한글에 맞춰 영어로 말해보세요.

● 모르겠어   I don't know if

● 혼자 이걸 잘할 수 있을지

● 글쎄,

● 결코 늦지 않았어

● 한 번 부딪혀 봐

Action English 037

러블리가 쟈니에게 복권 당첨에 대해 얘기하는 상황이에요.

Are you ready? Action!

Ⓐ Johnny! Guess what? I won the jackpot in the lottery!
Ⓑ What? Get out of here! You must be kidding.

Ⓐ 쟈니! 놀라면 안 돼! 나 로또에서 대박 났어!
Ⓑ 뭐? 설마, 말도 안 돼! 농담이겠지.

Get out of here! 여기서 당장 나가, 설마, 말도 안 돼!

상황에 따라 두 가지의 의미로 해석되는 표현이 Get out of here!입니다. 꼴도 보기 싫은 사람에게 '여기서 당장 나가.'의 뜻으로, 다른 하나는 상대로부터 도무지 믿기 어려운 얘기를 들었을 때 '설마, 말도 안 돼!'처럼 쓰이죠. 격이 없고 편한 사이에서 놀라운 사실에 반응할 때 사용할 수 있어요.

유사표현 **Get out.** 나가
I can't believe it. 못 믿겠어
Unbelievable! 믿기 어려워!

어휘정리 lottery 복권 believe 믿다 guess 추측하다

상황 회화에서 배운 대화문을 복습해 볼까요?

한글에 맞춰 영어로 말해보세요.

● 쟈니! 놀라면 안 돼!

● 나 로또에서 대박 났어!

● 뭐?

● 설마, 말도 안 돼!

● 농담이겠지   You must be

Action English 038

상황 회화

샘이 직장 동료 몰리에게 어제 있었던 일을 얘기하는 상황이에요.

Are you ready? Action!

Ⓐ You know what? Barbara stood me up yesterday.
Ⓑ See? I told you. I advised you not to meet her again.

Ⓐ 있잖아? 바바라가 어제 날 바람 맞혔어.
Ⓑ 그것 봐, 내가 뭐랬니! 다시는 걔 만나지 말라고 충고했잖아.

상황 표현

I told you. 내가 뭐랬니!, 그것 봐!, 그럴 줄 알았어.

누군가에게 벌어진 일에 대해 본인 스스로는 그렇게 될 줄 이미 알았다고 말할 때 I told you.라고 하죠. '내가 뭐랬니!', '그것 봐!', '그럴 줄 알았어.'입니다.

유사표현 I saw it coming. 그럴 줄 알았어
See? 내 말 맞지?
Serves you right. 자업자득이야

어휘정리 stand ~ up (이성에게) 바람맞히다 yesterday 어제 again 다시 advise 충고하다

상황 학습

상황 회화에서 배운 대화문을 복습해 볼까요?

한글에 맞춰 영어로 말해보세요.

- 있잖아?
- 바바라가 어제 날 바람 맞혔어
- 그것 봐,
- 내가 뭐랬니!
- 다시는 걔 만나지 말라고 충고했잖아   I advised you not to

Action English 039

상황 회화

마이클이 지니에게 오늘 저녁을 사겠다고 말하는 상황이에요.

Are you ready? Action!

Ⓐ I got paid today. I'll treat you to dinner. Steak? Lobster? You name it.
Ⓑ Well, I feel like having a steak for dinner.

Ⓐ 오늘 월급 받았거든. 내가 저녁 살게. 스테이크? 랍스터? 뭐든 말만 해.
Ⓑ 글쎄, 저녁으로 스테이크가 당기네.

상황 표현

You name it. 말씀만 하세요, 뭐든 말만 하세요.

상대방이 원하면 뭐든지 기꺼이 다 들어주겠다고 얘기할 때 You name it.이라고 해요. '뭐든 말만 해.'로 동사 name에는 '지정하여 말하다'라는 의미가 있어요.

유사표현 Whatever you want, you name it. 뭘 원하던 말만 해요

어휘정리 treat 대접하다, 한턱내다 feel like -ing ~하고 싶은 기분이 들다

상황 학습

상황 회화에서 배운 대화문을 복습해 볼까요?

한글에 맞춰 영어로 말해보세요.

● 오늘 월급 받았거든 _____

● 내가 저녁 살게   I'll _____

● 스테이크? 랍스터? 뭐든 말만 해 _____

● 글쎄, _____

● 저녁으로 스테이크가 당기네   I feel like -ing _____

Action English 040

상황
회화

제임스가 수잔에게 승진된 것에 대해 말하는 상황이에요.

Are you ready? Action!

Ⓐ Guess what? I got promoted. I can't believe it!
Ⓑ Wow, you're so lucky.

Ⓐ 있잖아, 놀라면 안 돼! 나 승진했어. 믿기지가 않아!
Ⓑ 와우, 정말 부럽다.

상황
표현

I can't believe it. 못 믿겠어요, 믿기지가 않아요.

뭔가가 도무지 납득되지 않을 때 '못 믿겠어요.'처럼 말하게 되는데요, I can't believe it.입니다. 이 말이 때로는 놀라운 사실을 알게 됐을 때도 사용할 수 있어요. 예로 복권이 일등에 당첨되었다면 도무지 믿지 못해 I can't believe it.이라고 말할 수 있잖아요.

유사표현 **That's impossible.** 그건 불가능해
Unbelievable. 믿을 수가 없어

어휘정리 **get promoted** 승진하다 **lucky** 운이 좋은 **guess** 추측하다

상황
학습

상황 회화에서 배운 대화문을 복습해 볼까요?

한글에 맞춰 영어로 말해보세요.

● 있잖아, 놀라면 안 돼! _____

● 나 승진했어 _____

● 믿기지가 않아! _____

● 와우, _____

● 정말 부럽다 You're so _____

043

I don't know if... ~인지 모르겠어요

뭔가에 대해 잘 모른다고 할 때 I don't know.라 합니다. 접속사 if를 넣어 I don't know if...처럼 표현하면 '~인지 모르겠어요'의 의미예요.

I don't know if it will rain tomorrow.　　　　　　　내일 비 올지 모르겠어요.

I don't know if you can recognize my face.

내 얼굴을 알아볼 수 있을지 모르겠어.

044

You must be... 당신은 ~임에 틀림없어요, 당신은 ~하시겠어요

조동사 must에는 '의무'나 '확신'의 뜻이 있어요. 그래서 You must be...라고 하면 자신의 판단으로 뭔가가 확신 들 때 '당신은 ~임에 틀림없어요', '당신은 ~하시겠어요'의 의미로 네이티브들이 자주 사용하는 패턴이죠.

You must be hungry.　　　　　　　　　　　　　　너 배고프겠구나.

You must be excited.　　　　　　　　　　　　　흥분되시겠어요.

045

I advised you not to... ~하지 말라고 충고했어요

과거에 친구나 동료에게 뭔가를 하지 말라고 충고했을 때 동사 advise를 사용해 I advised you not to...처럼 말합니다. '~하지 말라고 충고했어요'인데요, 여기서 to부정사(to+동사원형)의 부정은 부사 not이 to부정사 앞에 나옵니다.

I advised you not to smoke here.　　　여기서 담배 피우지 말라고 충고했잖아.

I advised you not to be late again.　난 너에게 다시는 늦지 말라고 충고했어.

046

I feel like -ing ~하고 싶어요

때로는 뭔가 하고 싶은 생각이 물밀 듯이 찾아올 때가 있어요. 네이티브들은 이런 상황에서 feel like −ing(동명사) 패턴을 사용해서 I feel like −ing라고 합니다. 의미는 '~하고 싶어요'예요.

| **I feel like** walk**ing.** | 걷고 싶어요. |
| **I feel like** rid**ing** a bike. | 자전거 타고 싶어. |

047

You're so... 당신은 너무 ~해요, 당신은 매우 ~해요

내가 아닌 남의 기분이나 상태 따위를 말할 때 부사 so(매우, 너무)를 넣어 You're so...라고 하면 그 의미는 '당신은 너무 ~해요', '당신은 매우 ~해요'입니다. 한마디로 강조해서 말하게 되는 거죠.

| **You're so** friendly. | 매우 친절하시군요. |
| **You're so** boring. | 넌 너무 지루해. |

09

ACT_09.mp3

Action English Preview

Action English

Action English 041

상황 회화

· 잭이 신디에게 목소리가 너무 커 일에 집중할 수 없다고 얘기하는 상황이에요.

Are you ready? Action!

Ⓐ Cindy, keep your voice down. Your voice is too loud, so I can't focus on my work.

Ⓑ Oh, I'm so sorry. I didn't mean to be so loud.

- -

Ⓐ 신디, 목소리 좀 낮춰. 목소리가 너무 커. 그래서 일에 집중할 수 없잖아.

Ⓑ 오, 정말 미안해. 그렇게 시끄럽게 굴 의도는 아니었어.

상황 표현

Keep your voice down. 목소리 좀 낮춰.

공공장소에서 너무 크게 떠들게 되면 주위 사람들에게 피해를 주게 되죠. Keep your voice down.이라 말할 수 있는데요, '목소리를 좀 낮춰.'예요. 목소리를 낮춘 상태를 계속 유지하라는 뜻이죠.

유사표현 Lower your voice. 목소리 좀 낮춰
　　　　Turn your voice down. 목소리 좀 낮춰

어휘정리 mean to do ~할 작정이다　voice 목소리　focus on ~에 집중하다

상황 학습

· 상황 회화에서 배운 대화문을 복습해 볼까요?

한글에 맞춰 영어로 말해보세요.

● 신디, 목소리 좀 낮춰

● 목소리가 너무 커,

● 그래서 일에 집중할 수 없잖아　　　　I can't

● 오, 정말 미안해　　　　I'm so

● 그렇게 시끄럽게 굴 의도는 아니었어　　I didn't mean to

Action English 042

상황 회화 ── 제니가 피터에게 무슨 일이 있더라도 내일까지 일을 끝내라고 얘기하는 상황이에요.

Are you ready? Action!

Ⓐ Peter! **Whatever it takes,** you'll have to **finish** this by tomorrow night.

Ⓑ But I'm not sure if I can do this all by myself. I'm so **worried**.

Ⓐ 피터! 무슨 수를 써서라도, 내일 밤까지는 이 일을 끝내야 할 거야.

Ⓑ 하지만 나 혼자서 이걸 해낼 수 있을지 잘 모르겠어. 너무 걱정돼.

상황 표현 ──

Whatever it takes. 어떤 댓가를 치르던, 무슨 수를 써서라도.

어떤 일을 성취하기 위해서는 그만큼의 노력과 대가가 필요하죠. 세상에 공짜로 이루어지는 일은 없잖아요. **Whatever it takes.**는 '어떤 대가를 치르던', '무슨 수를 써서라도'로 사용되는 말이에요.

유사표현 **There are no free rides in the world.** 세상에는 공짜란 없어요

어휘정리 all by oneself 나 혼자서, 홀로　finish 끝내다　worried 걱정되는

상황 학습 ── 상황 회화에서 배운 대화문을 복습해 볼까요?

한글에 맞춰 영어로 말해보세요

● 피터!

● 무슨 수를 써서라도,

● 내일 밤까지는 이 일을 끝내야 할 거야　　　You'll have to

● 하지만 나 혼자서 이걸 해낼 수 있을지 잘 모르겠어　I'm not sure if I can

● 너무 걱정돼　　　I'm so

Action English 043

상황 회화 샘이 똑같은 잔소리를 하는 애슐리에게 그만하라고 얘기하는 상황이에요.

Are you ready? Action!

Ⓐ Enough is enough! Stop nagging. I'm sick of it.

Ⓑ Hey, watch your language. You never listen to me.

Ⓐ 제발 그만 좀 해! 잔소리 좀 그만하란 말이야. 지겨워 죽겠어.

Ⓑ 이봐, 말조심해. 넌 결코 내 말 귀담아듣지 않잖아.

상황 표현

Stop nagging. 바가지 좀 그만 긁어, 잔소리 좀 그만해.

잔소리나 바가지 긁는 것도 어느 정도껏 해야 되는데요, 지나치면 듣기 싫게 됩니다. Stop nagging.이라 말하게 되죠. '바가지 좀 그만 긁어.', '잔소리 좀 그만해.'예요. 동사 nag는 '귀 아프게 잔소리하다'입니다.

유사표현 **I'm sick of your nagging.** 난 네 잔소리가 지겨워 죽겠어

어휘정리 **listen to** 경청해서 듣다 **be sick of** ~이 지겹다

상황 학습 상황 회화에서 배운 대화문을 복습해 볼까요?

한글에 맞춰 영어로 말해보세요.

● 제발 그만 좀 해!

● 잔소리 좀 그만하란 말이야

● 지겨워 죽겠어   I'm sick of

● 이봐, 말조심해   Watch your

● 넌 결코 내 말 귀담아듣지 않잖아   You never

Action English 044

상황 회화 ─ 샘이 미스터 김을 만나려고 잠시 그의 사무실에 들르는 상황이에요.

Are you ready? Action!

Ⓐ Hello. I'm Sam. I'm here to meet Mr. Kim.
Ⓑ Okay. This way, please. He's expecting you.

Ⓐ 안녕하세요. 샘입니다. 미스터 김을 만나러 왔습니다.
Ⓑ 알았어요. 이쪽으로 오세요. 그가 당신을 기다리고 있어요.

상황 표현 ─

He's expecting you. 그가 당신을 기다리고 있어요.

'기다리다'라고 하면 제일 먼저 생각나는 동사가 wait이에요. 하지만 expect가 '기대하다'외에 '기다리다'라는 뜻도 됩니다. 그래서 He's expecting you.라고 말하면 '그는 당신을 기다리고 있어요.'의 의미가 되는 거죠.

[유사표현] **He's waiting for you.** 그가 당신을 기다리고 있어요

[어휘정리] meet 만나다 way 길, 방법

상황 학습 ─ 상황 회화에서 배운 대화문을 복습해 볼까요?

한글에 맞춰 영어로 말해보세요.

● 안녕하세요. 샘입니다   I'm _____

● 미스터 김을 만나러 왔습니다   I'm here to _____

● 알았어요   _____

● 이쪽으로 오세요   _____

● 그가 당신을 기다리고 있어요   _____

상황 회화 약속을 또 어긴 피터에게 루시가 따끔하게 충고 한마디 하는 상황이에요.

Are you ready? Action!

Ⓐ Come on, Lucy! Don't give me that look. I didn't do anything wrong.
Ⓑ Are you kidding me? I told you not to break your word again.

- -

Ⓐ 이봐, 루시! 그런 표정으로 날 보지 마. 난 잘못한 거 없어.
Ⓑ 지금 장난해? 다신 약속 어기지 말라고 말했잖아.

상황 표현

Don't give me that look. 그런 표정으로 날 보지 마.

자신을 바라다보는 상대방의 눈초리가 별로 탐탁하지 않으면 '그런 표정으로 날 보지 마.'라고 말하게 됩니다. **Don't give me that look.**이죠. '그런 표정을 나에게 주지 말라.'가 직역인데요, 네이티브들은 '그런 표정으로 날 쳐다보지 마.'의 의미로 사용합니다.

유사표현 **Don't look at me like that.** 그런 식으로 쳐다보지 마

어휘정리 break one's word 약속 어기다 kid 농담하다, 조롱하다

상황 학습 상황 회화에서 배운 대화문을 복습해 볼까요?

한글에 맞춰 영어로 말해보세요.

- 이봐, 루시!
- 그런 표정으로 날 보지 마
- 난 잘못한 거 없어 ⎯⎯ I didn't
- 지금 장난해? ⎯⎯ Are you -ing
- 다신 약속 어기지 말라고 말했잖아 ⎯⎯ I told you not to

048

I didn't mean to... ～할 의도는 아니었어요, ～할 생각은 아니었어요

자신이 한 행동이 원래는 의도되었던 것은 아니라고 할 때 I didn't mean to... 패턴을 사용하죠. 숙어로 mean to+동사원형은 '～할 셈이다'예요.

I didn't mean to intrude.   방해할 생각은 아니었어요.

I didn't mean to wake you up.   널 깨울 의도는 아니었어.

049

You'll have to... 당신은 ～해야 할 거예요

상대방이 당연히 해야 할 일이 있을 때 You'll have to...라고 하는데요, '당신은 ～해야 할 거예요'의 뜻입니다. 지금이 아닌 미래에 꼭 행동으로 옮겨야 할 일에 대해 말하게 되는 거죠.

You'll have to call me later.   나중에 나한테 전화해야 할 거야.

You'll have to wait for Sam.   샘을 기다려야 할 거예요.

050

Watch your... ～을 조심하세요

해외 여행하다 보면 '～을 조심하세요'라는 뜻을 담고 있는 간판들을 자주 목격하게 됩니다. Watch your...는 '～을 조심하세요'예요. 우리나라에서도 전철을 이용하다 보면 Watch your step.(발 조심하세요)이라는 안내방송을 종종 듣게 되잖아요.

Watch your head.   머리 조심해요.

Watch your language.   말 좀 삼가세요.

051

You never... 당신은 결코 ~안 해요

자신의 충고나 말 따위는 전혀 듣지 않고 상대방이 자기 마음대로 행동하면 You never...라고 단호하게 말하게 됩니다. '당신은 결코 ~안 해요'인데요, 때로는 상대방이 기분 나빠할지라도 분명하게 자신의 의사를 전달하는 게 더 중요할 때가 있답니다.

You never listen to me.   넌 결코 내 말 안 듣잖아.

You never exercise.   넌 결코 운동 안 하잖아.

052

I'm here to... ~하러 왔어요

자신이 어딘가를 찾아온 목적이 뭔지 분명하게 밝히고 싶을 때 I'm here to... 패턴이 유용합니다. 물론 I'm here.라고만 말하면 '나 여기 있어요.'지만 뒤에 to부정사(to+동사원형)가 따르면 '~하러 왔어요'처럼 의미가 바뀌게 되는 거죠.

I'm here to be with you.   너랑 함께하려고 왔어.

I'm here to book a table.   테이블 예약하러 왔어요.

053

I told you not to... ~하지 말라고 얘기했어요

대화 도중에 상대방에게 과거에 하지 말라고 얘기했던 것을 다시금 상기시키고자 할 때, 네이티브들은 I told you not to...라고 말합니다. '~하지 말라고 얘기했어요'인데요, 동사 tell은 때로는 'tell+사람+to부정사' 구조처럼 사용되기도 하죠.

I told you not to eat late at night.   야식하지 말라고 얘기했잖아.

I told you not to drive too fast.   너무 과속하지 말라고 얘기했어요.

ACT

10

ACT_10.mp3

Action English Preview

Action English 046

상황
회화 ● 지니가 마이크에게 조심하라고 얘기하는 상황이에요.

Are you ready? Action!

Ⓐ Hey, Mike! Watch out! You almost fell off.
Ⓑ Oh, boy, that was a close call.

- -

Ⓐ 이봐, 마이크! 조심해! 거의 떨어질 뻔했어.
Ⓑ 이런, 정말 큰일 날 뻔했네.

상황
표현 ●

That was a close call. 정말 아슬아슬했어. 정말 큰일 날 뻔 했어.

항상 어떤 일을 하든 주의가 우선입니다. 자칫 잘못하면 크게 다칠 수가 있거든
요. 운전하다가 차 사고가 날 수도 있고, 등산을 하다가 낙상할 수도 있잖아요.
순간적인 위기를 모면하게 되면 **That was a close call.**이라 말하며 한숨 돌리
게 되죠. '정말 아슬아슬했어.', '정말 큰일 날 뻔 했어.'의 의미예요.

유사표현 **That's the last straw.** 큰일 날 뻔했어
That was close. 큰일 날 뻔했어

어휘정리 **fall off** (발을 헛디뎌) 떨어지다

상황
학습 ● 상황 회화에서 배운 대화문을 복습해 볼까요?

한글에 맞춰 영어로 말해보세요.

● 이봐, 마이크!

● 조심해!

● 거의 떨어질 뻔했어   You almost

● 이런,

● 정말 큰일 날 뻔했네

Action English 047

**상황
회화**

러블리가 잭의 노트북을 빌리려고 하는 상황이에요.

Are you ready? Action!

ⓐ Can you **do me a favor**? I need to **borrow your laptop**.

ⓑ Is that all? No problem. Here you go.

ⓐ 부탁 좀 들어줄래? 네 노트북 좀 빌려야겠어.

ⓑ 그게 다야? 문제없어. 여기 있어.

**상황
표현**

Is that all? 그게 다인가요?, 그게 전분가요?

원하는 바가 그게 다인지 다시금 확인차 상대방에게 묻는 말이 Is that all?입니다. '그게 다인가요?'의 뜻이죠.

유사표현 **Is that it?** 그게 다야?

Would that be all? 그게 전분가요?

어휘정리 **laptop** 휴대용 컴퓨터 **favor** 부탁

**상황
학습**

상황 회화에서 배운 대화문을 복습해 볼까요?

한글에 맞춰 영어로 말해보세요.

● 부탁 좀 들어줄래?   Can you _____

● 네 노트북 좀 빌려야겠어   I need to _____

● 그게 다야?   _____

● 문제없어   _____

● 여기 있어   _____

Action English 048

상황 회화

버스가 오는지도 모르고 길을 건너려는 그레이스에게 빌이 한마디 건네는 상황이에요.

Are you ready? Action!

Ⓐ Look out! The bus is coming right toward at us.
Ⓑ Oh, my goodness! I didn't see it coming.

- -

Ⓐ 조심해! 버스가 우리 쪽으로 오잖아.
Ⓑ 오, 이런! 버스 오는 걸 미처 못 봤어.

상황 표현

Look out! 조심해!

부주의하면 큰코다치기 마련입니다. 항상 조심해야죠. Look out!는 '조심해!'의 뜻으로, 갑자기 차가 온다거나 길이 너무 미끄러워 혹시나 넘어지게 될 때 조심하라고 경고 조로 사용하는 말이에요.

유사표현 **Watch out!** 조심해!
Be careful. 조심해

어휘정리 **toward** ～ 쪽으로 **come** 오다

상황 학습

상황 회화에서 배운 대화문을 복습해 볼까요?

한글에 맞춰 영어로 말해보세요.

- 조심해!

- 버스가 오잖아

- 우리 쪽으로

- 오, 이런!

- 버스 오는 걸 미처 못 봤어   I didn't

Action English 049

상황 회화

• 샘이 자신이 한 일에 대해 샐리로부터 용서를 구하는 상황이에요.

Are you ready? Action!

Ⓐ What have you done? This is getting out of hand.

Ⓑ I'm so sorry, but my intentions were good. Please forgive me.

- -

Ⓐ 무슨 짓을 한 거야? 점점 감당이 안 되잖아.

Ⓑ 정말 미안한데요, 원래는 그럴 의도는 없었어요. 용서해 주세요.

상황 표현

What have you done? 무슨 짓을 한 거야?

상대방이 한 행동이 자신의 생각으로는 도무지 납득되지 않거나 너무 심하다고 생각이 들면 '무슨 짓을 한 거야?'라고 격분하면서 따지듯이 말하게 되죠. **What have you done?**이에요.

유사표현 **Do you know what you've done?** 네가 무슨 짓 했는지 알아?

어휘정리 get out of hand 감당할 수 없게 되다 intention 의도 forgive 용서하다

상황 학습

• 상황 회화에서 배운 대화문을 복습해 볼까요?

한글에 맞춰 영어로 말해보세요.

● 무슨 짓을 한 거야? _____

● 점점 감당이 안 되잖아 _____

● 정말 미안한데요, I'm so _____

● 원래는 그럴 의도는 없었어요 _____

● 용서해 주세요 Please _____

Action English 050

050

상황 회화

참석해야 할 모임 때문에 급히 서두르고 있는 제니에게 토니가 한마디 건네는 상황이에요.

Are you ready? Action!

Ⓐ What's the rush? Just slow down.

Ⓑ I know, but I don't have time to lose. I have a meeting to attend.

Ⓐ 뭐가 그렇게 급해? 천천히 해.

Ⓑ 나도 알아, 하지만 지체할 시간이 없어. 나 참석해야 할 회의가 있어 그래.

상황 표현

What's the rush? 뭐가 그렇게 급해요?

서두르면 일을 그르치기 마련이에요. 그만큼 천천히 느긋하게 행동하라는 말이죠. What's the rush?는 직역하면 '급한 게 무엇이냐?'지만 '뭐가 그리도 급해?', '뭐가 그렇게 급해?'처럼 의역하는 게 좋아요.

유사표현 **What's the hurry?** 뭐가 그리 급해?
There's no need to hurry. 서두를 필요 없어

어휘정리 slow down 속도 줄이다, 침착하다 lose 잃다, 지다 attend 참석하다

상황 학습

상황 회화에서 배운 대화문을 복습해 볼까요?

한글에 맞춰 영어로 말해보세요.

● 뭐가 그렇게 급해?

● 천천히 해

● 나도 알아,

● 하지만 지체할 시간이 없어   I don't have time to

● 나 참석해야 할 회의가 있어 그래   I have a

ACT **10** 패턴 익히며 암기하기

054

You almost... 당신은 거의, 당신은 하마터면

상대방에게 하마터면 무엇 무엇 할뻔 했다고 얘기할 때 부사 almost를 활용해 You almost...처럼 말합니다. '당신은 거의', '당신은 하마터면'의 뜻이에요.

You almost missed the train. 하마터면 기차를 놓칠 뻔했어요.

You almost fell. 거의 넘어질 뻔했잖아!

055

I need to... ~해야겠어요

뭔가 스스로 해야 할 필요가 있다고 느껴지면 I need to...처럼 표현하게 됩니다. 한마디로 '~해야겠어요'의 뜻이에요. 동사 need는 목적어로 명사나 to부정사(to+동사원형)가 필요하죠.

I need to take a day off. 하루 쉬어야겠어요.

I need to go grocery shopping. 장봐야겠어.

056

Please... ~해 주십시오

정중하게 뭔가를 부탁할 때 가장 쉽게 사용되는 패턴이 Please...이에요. '~해 주십시오'인데요, 문장 맨 앞이나 끝에 나올 수 있어요.

Please help me. 저 좀 도와주세요.

Please keep your voice down. 목소리 좀 낮춰주세요.

057

I don't have time to... 난 ~할 시간이 없어요

늘 분주하고 바쁘다 보면 하고 싶은 일을 제대로 못 할 때가 있어요. 뭔가 아쉬움이 남게 되죠. I don't have time to... 패턴은 '난 ~할 시간이 없어요'로 to부정사(to+동사원형)자리에 나오는 동사를 할 시간이 없다는 점을 강조하게 되는 거랍니다.

I don't have time to work out.　　　　　　　　난 운동할 시간이 없어.

I don't have time to go shopping.　　　　　　　쇼핑 할 시간 없어요.

058

I didn't... ~ 안 했어요, ~하지 않았어요

현재가 아닌 과거에 하지 않은 행동이나 말에 대해 얘기할 때 I didn't...이라고 해요. 뜻은 '~ 안 했어요', '~하지 않았어요'인데요, 주어가 일인칭(I)이거나 2인칭(You) 또는 3인칭(He, She)이라도 말의 시점이 과거에 있다면 주어에 상관없이 didn't를 사용하죠.

I didn't sleep in today.　　　　　　　　　　난 오늘 늦잠 안 잤어.

I didn't call him.　　　　　　　　　　　　개에게 전화 안 했어.

059

I have... ~이 있어요

자신에게 있는 것을 단적으로 얘기할 때 I have... 패턴을 사용합니다. '~이 있어요'로 뒤에 명사가 나옵니다.

I have a dream.　　　　　　　　　　　　　　난 꿈이 있어.

I have a blind date today.　　　　　　　　　오늘 소개팅이 있어요.

ACT

11

ACT_11.mp3

Action English Preview

Action English 051

상황
회화

• 일 처리를 잘한 부하 직원 피터에게 써니가 칭찬의 한마디를 건네주는 상황이에요.

Are you ready? Action!

Ⓐ Peter, you did a great job today! Way to go! I'm so proud of you.
Ⓑ It was nothing. I'm flattered.

- -

Ⓐ 피터, 오늘 정말 잘했어! 잘했어! 네가 자랑스러워.
Ⓑ 별거 아닌데요. 과찬이세요.

상황
표현

Way to go! 잘했어!

뭔가를 잘하면 칭찬하게 되고 응원하게 됩니다. 마치 Way to go!처럼 말이에요.
'잘했어!'라는 뜻이죠.

유사표현 **Good job.** 잘했어
Well done. 잘했어
Good for you. 잘했어

어휘정리 flatter 아첨하다 be proud of ～이 자랑스럽다

상황
학습

• 상황 회화에서 배운 대화문을 복습해 볼까요?

한글에 맞춰 영어로 말해보세요.

● 피터, 오늘 정말 잘했어!

● 잘했어!

● 네가 자랑스러워 I'm so proud of

● 별거 아닌데요

● 과찬이세요 I'm

Action English 052

상황 회화

하루의 일을 끝낸 브라이언과 낸시가 서로에게 작별을 고하는 상황이에요.

Are you ready? Action!

Ⓐ That's it for today. Have a nice day.
Ⓑ Thanks. You too. See you around.

Ⓐ 오늘은 그만하죠. 좋은 하루 되세요.
Ⓑ 고마워요. 당신도요. 또 만나요.

상황 표현

That's it for today. 오늘은 그만하죠.

하루의 일을 마무리 짓거나 수업을 끝낼 때 **That's it for today.**라고 말합니다. '오늘은 그만하죠.'의 의미예요.

유사표현 Let's wrap it up. 오늘은 그만 끝내죠

어휘정리 nice 좋은, 괜찮은

상황 학습

상황 회화에서 배운 대화문을 복습해 볼까요?

한글에 맞춰 영어로 말해보세요.

● 오늘은 그만하죠

● 좋은 하루 되세요   Have a

● 고마워요

● 당신도요

● 또 만나요

Action English 053

상황 회화 ── 마침내 취업을 하게 된 토니가 제니에게 그 사실을 말하게 되는 상황이에요.

Are you ready? Action!

Ⓐ Finally, I got a job. I'm walking on air now.
Ⓑ You're so lucky. I mean, I wish I were in your shoes.

Ⓐ 마침내, 나 일자리 얻었어. 지금 하늘을 날 듯 기뻐.
Ⓑ 운도 좋네. 내 말은, 네가 부럽다는 얘기야.

상황 표현

You're so lucky. 당신이 부럽습니다, 운도 좋네요.

우린 '네가 부럽다.'라고 하는데요, 이 말은 상대방의 처지가 내가 보기에는 부럽게 느껴진다는 뜻이죠. 동사 envy(부럽다)를 사용해서 말할 것 같지만 네이티브들은 You're so lucky.처럼 표현해요. 한마디로 '운도 좋네요.'랍니다.

유사표현 **I'm so jealous of you.** 난 당신이 질투 나요
I wish I were in your shoes. 네가 부러워

어휘정리 **walk on air** 무아지경에 이르다 **be in one's shoes** 남의 입장에 서다 **finally** 마침내
lucky 운이 좋은

상황 학습 ── 상황 회화에서 배운 대화문을 복습해 볼까요?

한글에 맞춰 영어로 말해보세요.

● 마침내, 나 일자리 얻었어

● 지금 하늘을 날 듯 기뻐   I'm -ing

● 운도 좋네

● 내 말은,

● 네가 부럽다는 얘기야

Action English 054

상황 회화 캐서린이 짐에게 떠날 준비가 되었는지 물어보는 상황이에요.

Are you ready? Action!

Ⓐ Are you ready to **go**?

Ⓑ Yeah, I'm all set. Let's **go**, shall we?

- -

Ⓐ 갈 준비됐어?

Ⓑ 응, 난 준비됐어. 가자, 어때?

상황 표현

I'm all set. 난 준비됐어요.

모든 준비가 다 되었다면 **I'm all set.**처럼 말해요. 여기서 **all set**를 사용한 게 재미있는데요, 모든 게 다 세팅되어 있어 준비 완료 상태라는 것을 의미하는 거죠.

유사표현 I'm ready. 난 준비됐어

어휘정리 go 가다 ready 준비된

상황 학습 상황 회화에서 배운 대화문을 복습해 볼까요?

한글에 맞춰 영어로 말해보세요.

- 갈 준비됐어? Are you ready to _____

- 응, _____

- 난 준비됐어 _____

- 가자, Let's _____

- 어때? _____

Action English 055

빌이 버스 터미널을 찾는 여행객에게 길을 안내해 주는 상황이에요.

Are you ready? Action!

Ⓐ Excuse me, how can I get to the bus terminal?

Ⓑ Just go straight until the second traffic light and then turn right. It's on your left. You can't miss it.

Ⓐ 미안한데요, 버스 터미널은 어떻게 가죠?

Ⓑ 두 번째 신호등까지 곧장 간 후 오른쪽으로 도세요. 왼쪽에 있습니다. 쉽게 찾을 거예요.

You can't miss it. 꼭 찾을 거예요, 쉽게 찾을 거예요.

길을 묻는 사람에게 자세히 길 안내를 한 뒤 You can't miss it.라고 하면 '쉽게 찾을 거예요.', '꼭 찾을 거예요.'입니다. 즉, 찾는 목적지(it)를 놓칠 수가 없다 (can't miss)는 것은 결국 '꼭 찾게 될 것이다.'라는 의미예요.

유사표현 **It's easy to find that place.** 그 장소 찾기 쉬워요

어휘정리 **traffic light** 교통 신호등 **go straight** 곧장 가다 **turn right** 오른쪽으로 돌다

상황 회화에서 배운 대화문을 복습해 볼까요?

한글에 맞춰 영어로 말해보세요.

● 미안한데요,

● 버스 터미널은 어떻게 가죠?   How can I get to

● 두 번째 신호등까지 곧장 간 후 오른쪽으로 도세요

● 왼쪽에 있습니다   It's

● 쉽게 찾을 거예요

ACT **11** **패턴 익히며 암기하기**

060

I'm so proud of... 난 ~이 너무 자랑스러워요

누군가가 뿌듯하고 자랑스럽게 느껴질 때가 있어요. 숙어로 be proud of라고 하는데요, I'm so proud of... 패턴은 '난 ~이 너무 자랑스러워요'라는 뜻을 가져요.

I'm so proud of you. 난 네가 너무 자랑스러워.

I'm so proud of my children. 난 내 아이들이 너무 자랑스러워요.

061

I'm -ing 난 ~하고 있는 중이에요, 난 ~할 거예요

현재 진행형은 상황에 따라 의미가 좀 달라지는데요, 현재 자신이 하고 있는 동작을 묘사할 때 '난 ~하고 있는 중이에요'처럼 진행의 의미로, '난 ~할 거예요'처럼 가까운 미래를 대신할 때 I'm -ing 구조를 취하죠.

I'm do**ing** the laundry. 빨래하고 있는 중이야.

I'm leav**ing** tomorrow. 난 내일 떠날 거예요.

062

Are you ready to...? 당신은 ~할 준비됐어요?

어떤 행동을 취할 준비가 됐는지 묻고 싶을 때 Are you ready to...? 패턴을 사용합니다. 숙어로 be ready to+동사원형은 '~할 준비가 되다'이죠. 결국 Are you ready to...?는 '당신은 ~할 준비됐어요?'의 뜻이랍니다.

Are you ready to leave**?** 떠날 준비 됐어?

Are you ready to order, sir**?** 주문하시겠어요, 손님?

063

Let's... ~합시다

누군가와 함께하고 싶은 게 있으면 같이 하자고 제안하게 됩니다. Let's... 패턴은 '~합시다'로 여기서 Let's는 Let us의 줄임말이에요.

Let's have a drink. 술 한잔합시다.

Let's take five. 5분만 쉽시다.

064

How can I get to...? ~에는 어떻게 갈 수 있죠?

찾아가고 싶은 곳을 어떻게 가야 할지 몰라 어쩔 수 없이 행인에게 도움을 요청하게 됩니다. How can I get to...?처럼 말이에요. 숙어로 get to+장소명사는 '~에 도착하다'예요. 그러므로 '~에는 어떻게 갈 수 있죠?'의 의미가 되는 거죠.

How can I get to this hotel? 이 호텔에는 어떻게 갈 수 있죠?

How can I get to the airport? 공항에는 어떻게 갈 수 있나요?

065

It's... ~이에요, ~해요

가격, 날씨, 거리, 시간처럼 다양한 내용들을 말할 때 주어 역할을 하는 it는 문법적으로 비인칭 주어라 하는데요, 용어의 뜻은 중요하지 않습니다. 아무튼 It's...라고 하면 '~이에요', '~해요'의 뜻이에요.

It's chilly outside. 밖이 쌀쌀해.

It's a little expensive. 좀 비싸요.

ACT_12.mp3

Action English Preview

Action English 056

상황 회화

캐런이 짐에게 약속을 못 지킬 것 같다고 얘기하는 상황이에요.

Are you ready? Action!

Ⓐ I'm afraid I can't **make it today**. I'm so **sorry**.

Ⓑ What? What do you mean by that? That doesn't **make sense**.

- -

Ⓐ 오늘 약속 못 지킬 것 같아. 정말 미안해.

Ⓑ 뭐라고? 그게 무슨 뜻이야? 말도 안 돼.

상황 표현

What do you mean by that? 그게 무슨 뜻이에요?

상대방이 방금 전에 한 말이 도무지 납득되지 않거나 이해 안 될 때 동사 mean(의미하다)을 활용해 What do you mean by that?처럼 묻습니다. '그게 무슨 뜻이야?'예요. 여기서 that은 방금 전에 한 말을 의미하죠.

유사표현 **What does that mean?** 무슨 뜻이죠?

What are you trying to say? 무슨 말 하려는 거야?

어휘정리 **make it** 해내다, 시간에 대다　**make sense** 이치에 맞다

상황 학습

상황 회화에서 배운 대화문을 복습해 볼까요?

한글에 맞춰 영어로 말해보세요.

● 오늘 약속 못 지킬 것 같아　　　I'm afraid I can't _____

● 정말 미안해　　　I'm so _____

● 뭐라고?　　　_____

● 그게 무슨 뜻이야?　　　_____

● 말도 안 돼　　　_____

Action English 057

상황 회화

경찰관이 과속한 여성에게 면허증 제시를 요구하는 상황이에요.

Are you ready? Action!

Ⓐ Excuse me, ma'am. You were speeding. May I see your driver's license?

Ⓑ Sure, here you are. I'm so sorry. Give me a break.

- -

Ⓐ 실례지만, 아주머님. 과속하셨습니다. 운전 면허증 좀 보여주시겠어요?

Ⓑ 네, 여기 있어요. 너무 죄송해요. 한 번만 봐주세요.

상황 표현

Give me a break. 한 번만 봐주세요.

잘못하게 되면 우린 '이번만 눈감아 주세요.'라든지 '한 번만 봐주세요.'라고 말하며 용서를 구합니다. Give me a break.라고 하죠. 이때 실수로 Please look at me once more.처럼 말한다면 상대방이 멍하게 쳐다만 볼 거예요. '날 좀 봐요.'로 이해하기 때문이죠. 우스갯소리로 하는 말이에요.

유사표현 Have a heart. 자비심을 가져주세요
Please forgive me. 용서해 주십시오

어휘정리 driver's license 운전 면허증

상황 학습

상황 회화에서 배운 대화문을 복습해 볼까요?

한글에 맞춰 영어로 말해보세요.

● 실례지만, 아주머님

● 과속하셨습니다   You were -ing

● 운전 면허증 좀 보여주시겠어요?   May I

● 네, 여기 있어요. 너무 죄송해요   I'm so

● 한 번만 봐주세요

Action English 058

상황 회화

샘이 제니에게 줄 선물로 스카프를 구입한 상황이에요.

Are you ready? Action!

Ⓐ I bought a scarf for you. I hope you like it.
Ⓑ You shouldn't have. Anyway, thanks.

Ⓐ 스카프 하나 샀어요. 마음에 들기를 바라요.
Ⓑ 이럴 필요까지는 없었는데요. 어쨌든, 고마워요.

상황 표현

You shouldn't have. 이럴 필요까지는 없었는데요.

생일이나 결혼기념일처럼 중요한 날이 다가오면 내가 아닌 남을 위해 자그마한 선물을 준비하게 되죠. 물론 남으로부터 그런 선물을 받을 수도 있는데요, 전혀 기대도 하지 않은 상황에서 뜻밖의 선물을 받게 되면 '이럴 필요까지는 없었는데요.'라고 얘기하게 됩니다. You shouldn't have.이에요.

유사표현 You shouldn't have bought this for me.
날 위해 이걸 살 필요까지는 없었는데

어휘정리 hope 희망하다 anyway 아무튼

상황 학습

상황 회화에서 배운 대화문을 복습해 볼까요?

한글에 맞춰 영어로 말해보세요.

● 스카프 하나 샀어요

● 마음에 들기를 바라요   I hope _____

● 이럴 필요까지는 없었는데요   _____

● 어쨌든,   _____

● 고마워요   _____

Action English 059

상황 회화

피터가 오랫동안 꿈꿔왔던 아파트를 마침내 구입하게 되는 상황이에요.

Are you ready? Action!

Ⓐ I bought a new apartment. I think I just made my dreams come true.
Ⓑ Congratulations. I'm happy for you. You deserve it.

Ⓐ 나 새 아파트 구입했어. 꿈을 이룬 것 같아.
Ⓑ 축하해. 네가 잘돼서 기뻐. 넌 그럴 자격 있어.

상황 표현

You deserve it. 그럴 자격이 충분해. 넌 그럴 자격 있어.

마땅히 받을 자격을 갖추고 있다고 느껴질 때 You deserve it.이라 표현해요. '그럴 자격이 충분해.' 또는 '넌 그럴 자격 있어.'예요. 여기서 동사 deserve는 '받을 만하다', '가치가 있다'이죠.

유사표현 I think you deserve it. 넌 그럴 자격이 있는 것 같아

어휘정리 come true 실현되다　dream 꿈　happy 행복한

상황 학습

상황 회화에서 배운 대화문을 복습해 볼까요?

한글에 맞춰 영어로 말해보세요.

● 나 새 아파트 구입했어

● 꿈을 이룬 것 같아　　　　　I think

● 축하해

● 네가 잘돼서 기뻐　　　　　I'm

● 넌 그럴 자격 있어

Action English 060

상황 회화

잭이 쉽게 일을 포기하려는 로지에게 끝까지 버티라고 얘기하는 상황이에요.

Are you ready? Action!

Ⓐ I can't do this anymore. I give up.

Ⓑ Come on, don't talk like that. Hang in there and things will turn around.

- -

Ⓐ 나 더 이상 못하겠어. 포기할래.

Ⓑ 이봐, 그런 식으로 말하지 마. 조금만 참고 버티면 나아질 거야.

상황 표현

Hang in there. 조금만 참고 버텨요

힘든 일에 부딪히게 되면 포기하고 싶은 생각이 문득 듭니다. 자신도 그렇지만 타인도 마찬가지겠죠. 응원의 한마디로 '조금만 참고 견뎌봐.'를 건넬 수 있어요. Hang in there.처럼 말이에요.

유사표현 Hang in there and things will turn around.
조금만 참고 버티면 나아질 거야

어휘정리 give up 포기하다 anymore 더 이상 turn 돌다, ～을 회전시키다

상황 학습

상황 회화에서 배운 대화문을 복습해 볼까요?

한글에 맞춰 영어로 말해보세요.

● 나 더 이상 못하겠어   I can't _____

● 포기할래   I _____

● 이봐,   _____

● 그런 식으로 말하지 마   Don't _____

● 조그만 참고 버티면 나아질 거야 _____

066

I'm afraid I can't... 유감스럽지만 ~못할 것 같아요

상황에 따라 하고 싶지 않은 얘기를 어쩔 수 없이 말해야만 하는 경우가 생겨요. I'm afraid I can't... 패턴은 '유감스럽지만 ~못할 것 같아요'예요. 내키지 않는 얘기를 할 때 공손하게 덧붙이는 말이죠. 보통 뒤에는 부정적인 내용이 나오게 됩니다.

I'm afraid I can't wait for you.   유감스럽지만 당신을 못 기다릴 것 같아요.

I'm afraid I can't join you.   너랑 같이 못 할 것 같아.

067

May I...? ~해도 될까요?

조동사 can 보다는 may를 사용하면 좀 더 공손한 뜻이에요. May I...?는 '~해도 될까요?'로 어떤 일을 하기 전에 먼저 상대방으로부터 허락 따위를 받고자 할 때 사용하죠.

May I open the window**?**   창문 좀 열어도 될까요?

May I borrow your car**?**   차 좀 빌려도 될까요?

068

I hope... ~하길 바라요, ~하길 희망해요

바라고 희망하는 게 있으면 I hope...처럼 말하게 됩니다. 뒤에 '주어+동사'의 절의 구조가 나올 수도 있고 to부정사(to+동사원형)가 올 수도 있어요.

I hope you had fun.   즐거운 시간을 보냈기를 바라.

I hope to hear from you.   당신으로부터 소식 듣길 희망해요.

069

I'm so... 난 매우 ~해요, 난 너무 ~해요

평소 때와는 달리 무척 기분이 좋거나 나쁠 때 네이티브들은 I'm so... 패턴으로 자신의 감정이나 상태 또는 기분을 표현하죠. '난 매우 ~해요', '난 너무 ~해요'의 뜻으로 뭔가를 좀 더 강조해서 말하는 느낌을 상대에게 전하는 거랍니다.

I'm so hungry.　　　　　　　　　　　　　너무 배고파.

I'm so bored.　　　　　　　　　　　　　　너무 지루해.

070

You were -ing 당신은 ~하고 있었어요

상대방이 과거에 하고 있던 것을 언급할 때 You were -ing을 사용하는데요, 뜻은 '당신은 ~하고 있었어요'입니다. 즉, '과거 진행'을 말하는 거랍니다.

You were ly**ing** to me again.　　　　넌 내게 또 거짓말 하고 있었잖아.

You were do**ing** so great.　　　　　　　넌 정말 잘하고 있어.

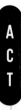

ACT

13

ACT_13.mp3

Action English Preview

Action English 061

상황회화

써니가 이사 간다는 말에 빌이 믿지 못하겠다고 말하는 상황이에요.

Are you ready? Action!

Ⓐ You're gonna **move out** **this week**? Sorry, I'm not buying it.
Ⓑ But it's **true**, I'm not **kidding** you.

Ⓐ 이번 주에 이사 간다고? 미안한데, 못 믿겠어.
Ⓑ 하지만 사실이야. 농담하는 게 아니란 말이야.

상황표현

I'm not buying it. 못 믿겠어요, 믿을 수가 없어요.

상대의 행동이나 말이 자신이 생각하기에 도무지 납득되지 않거나 이해 안 가면 한마디 하게 되죠. '믿을 수 없다.'라든지 '못 믿겠어.'라고 말입니다. I'm not buying it.처럼 표현하죠. 여기서 동사 buy는 '사다'가 아닌 '받아들이다', '믿다'예요.

유사표현 **I can't believe it.** 못 믿겠어
It doesn't make sense. 말도 안 돼요

어휘정리 **move out** 이사하다 **this week** 이번 주 **kid** 놀리다, 농담하다 **true** 진실의

상황학습

상황 회화에서 배운 대화문을 복습해 볼까요?

한글에 맞춰 영어로 말해보세요.

● 이번 주에 이사 간다고? You're going to ___

● 미안한데, ___

● 못 믿겠어 ___

● 하지만 사실이야, It's ___

● 농담하는 게 아니란 말이야 I'm not -ing ___

Action English 062

상황 회화

시험 준비를 하고 있는 아담스가 로사에게 그만 좀 방해하라고 얘기하는 상황이에요.

Are you ready? Action!

Ⓐ Hey, knock it off. Can't you see I'm trying to study for an exam?

Ⓑ Oh, I'm so sorry, but I just wanted to talk it over with you.

- -

Ⓐ 이봐, 그만 좀 해. 나 시험공부 하는 거 보면 모르겠어?

Ⓑ 오, 정말 미안해. 하지만 난 그저 너랑 의논하고 싶었을 뿐이었어.

상황 표현

Knock it off. 그만 좀 해.

상대방의 행동이나 말이 스스로 생각하기에 지나치다고 느껴질 때 '그만 좀 해.' 라고 말하며 언성 높이게 되는데요, 네이티브들이 이런 상황에서 자주 사용하는 표현 중의 하나가 Knock it off.이에요.

유사표현 **Cut it out.** 그만 좀 해
Stop it. 그만해
That's enough. 그만 좀 해
Enough. 그만해

어휘정리 talk it over with ~와 그것을 서로 얘기하다 exam 시험
be trying to ~하려고 하다, ~하려고 노력 중이다

상황 학습

상황 회화에서 배운 대화문을 복습해 볼까요?

한글에 맞춰 영어로 말해보세요

● 이봐,

● 그만 좀 해

● 나 시험공부 하는 거 보면 모르겠어?　　　　　I'm trying to

● 오, 정말 미안해,　　　　　I'm so

● 하지만 난 그저 너랑 의논하고 싶었을 뿐이었어　I just wanted to

Action English 063

샘이 써니에게 일하는 동안은 방해하지 말라고 부탁하는 상황이에요.

Are you ready? Action!

Ⓐ Sunny, can you do me a favor? Just leave me alone while I work in my office.

Ⓑ Okay, I got it. But call me when you're done with your work.

- -

Ⓐ 써니, 부탁 좀 들어줄래? 사무실에서 일하는 동안은 그냥 나 혼자 있게 내버려 둬.

Ⓑ 아, 알았어. 하지만 일 끝나면 전화해.

Leave me alone. 혼자 있게 내버려둬.

때로는 누군가의 방해나 간섭을 전혀 받지 않고 혼자 있고 싶을 때가 있어요. Leave me alone.이라 합니다. '혼자 있게 내버려 둬.'의 의미예요.

유사표현 **Let me be alone.** 혼자 있게 해줘요

어휘정리 be done with 마치다, 절교하다 office 사무실 work 일하다, 일

상황 회화에서 배운 대화문을 복습해 볼까요?

한글에 맞춰 영어로 말해보세요.

- 써니, 부탁 좀 들어줄래?   Can you

- 그냥 나 혼자 있게 내버려 둬

- 사무실에서 일하는 동안은

- 아, 알았어

- 하지만 일 끝나면 전화해

Action English 064

상황
회화
지나는 샘이 자신에게 할 말이 더 있는지 궁금해서 물어보는 상황이에요.

Are you ready? Action!

Ⓐ Sam, do you have **anything else to say to me**?

Ⓑ No, I'm done **talking**. I mean, there's nothing left to say.

Ⓐ 샘, 나한테 할 말 더 있어?

Ⓑ 아니, 얘기 다 했어. 내 말은, 더 이상 할 말 없어.

상황
표현

There's nothing left to say. 더 이상 할 말 없어요.

대화가 끝날 무렵 하고 싶은 말이 더 이상 없다고 할 때 There's nothing left to say.라고 표현해요. 의미는 '더 이상 할 말 없어요.'이죠. 즉, 하고 싶은 말을 이미 다 했기에 더 이상 언급할 게 없다는 뜻이에요.

유사표현 **I have nothing else to say.** 더 이상 할 말 없어

어휘정리 **be done -ing** ~을 끝내다　**say** 말하다　**mean** 의미하다

상황
학습
상황 회화에서 배운 대화문을 복습해 볼까요?

한글에 맞춰 영어로 말해보세요.

● 샘, 나한테 할 말 더 있어?　　　　Do you have _____

● 아니,　　　　　　　　　　　　_____

● 얘기 다 했어　　　　　　　　　I'm done -ing _____

● 내 말은,　　　　　　　　　　_____

● 더 이상 할 말 없어　　　　　　_____

Action English 065

상황
회화 애슐리가 소꿉친구인 잭에게 자신의 소개팅에 대해 얘기하는 상황이에요.

Are you ready? Action!

Ⓐ Guess what? I have a blind date tonight.
Ⓑ What? You're putting me on.

Ⓐ 있잖아? 오늘 밤 나 소개팅 있어.
Ⓑ 뭐라고? 설마 그럴 리가!

상황
표현

You're putting me on. 설마 그럴 리가!

거짓말도 상황에 따라서는 심각할 수도 있지만 가벼운 농담 정도로 받아들일 수 있어요. You're putting me on.이라 하면 You're lying to me.와는 달리 느낌이 가벼워요. 우리말에 '설마 그럴 리가!'처럼 가벼운 느낌을 전달하게 됩니다. 숙어로 put on은 '(누구를) 놀리다'예요.

유사표현 **No kidding.** 농담 마
You've gotta be kidding. 설마 농담이겠지

어휘정리 blind date 소개팅 tonight 오늘밤 guess 추측하다

상황
학습 상황 회화에서 배운 대화문을 복습해 볼까요?

한글에 맞춰 영어로 말해보세요.

● 있잖아?

● 나 소개팅 있어   I have

● 오늘 밤

● 뭐라고?

● 설마 그럴 리가!

071

I'm not -ing 난 ~하고 있는 거 아니에요, 난 ~하지 않을 거예요

I'm not -ing는 '난 ~하고 있는 거 아니에요'처럼 현재 진행의 의미로, '난 ~하지 않을 거예요'처럼 가까운 미래의 의미로 사용되는 패턴이에요. 즉, 자신이 하고 있지 않은 일에 대해서 말할 때나 미래에 하지 않을 일에 대해 언급할 때도 I'm not -ing 패턴으로 표현할 수 있답니다.

I'm not watch**ing** TV right now.　　　　　지금 TV 안 보고 있어.

I'm not go**ing** to New York.　　　　　난 뉴욕에 가지 않을 거예요.

072

I'm trying to... ~하려고 해요, ~하려고 노력 중이에요

스스로 바라는 일이 있으면 부단히 노력하게 됩니다. I'm trying to... 패턴은 '~하려고 해요', '~하려고 노력 중이에요'의 뜻이에요. 기본적으로 be -ing 구조는 '진행'의 의미를 가지죠.

I'm trying to lose weight.　　　　　살 빼려고 해요.

I'm trying to walk the dog.　　　　　개 산책시키려고 노력 중이야.

073

I just wanted to... 그저 ~하고 싶었을 뿐이에요, 그냥 ~하고 싶었을 뿐이에요

자신이 원해서 하는 일에 대해 상대방이 다가와 뭔가 특별한 이유가 있어서 하는 건지 물어본다면 '그저 ~하고 싶었을 뿐이에요', '그냥 ~하고 싶었을 뿐이에요'처럼 말할 수 있어요. 즉, 어떤 특별한 이유 때문에 하는 것이 아니라 그냥 원해서 했다는 의미를 전하게 되는 거예요. I just wanted to... 패턴이 그렇습니다.

I just wanted to get along with you.　　　그냥 너와 잘 지내고 싶었을 뿐이야.

I just wanted to let you know.　　　　그저 알려주고 싶었을 뿐이에요.

074

Do you have...? 당신은 ～이 있어요?

혹시 약속이나 모임이 있는지, 내가 필요한 물건을 가지고 있는지 궁금할 때 Do you have...? 패턴이 필요해요. '당신은 ～이 있어요?'인데요, 동사 have 다음에 목적어가 나옵니다.

Do you have a smartphone**?**   스마트폰 있어요?

Do you have other plans**?**   선약 있어?

075

I'm done -ing 난 ～ 끝냈어요, 난 ～ 다 했어요

자신이 끝낸 일을 언급할 때 동사 finish가 먼저 생각나는데요, 네이티브들은 같은 의미로 be done -ing(～하는 것을 끝내다)를 사용하기도 하죠. 다시 말해서 I'm done -ing의 뜻은 '난 ～ 끝냈어요', '나 ～ 다 했어요'예요.

I'm done talk**ing** to you.   너랑 얘기 다 했거든.

I'm done fill**ing** out this form.   이 양식 작성 끝냈어요.

ACT

ACT_14.mp3

Action English Preview

Action English

**상황
회화**

제인이 낯선 환경에 두려움을 느끼고 브라이언에게 나가자고 얘기하는 상황이에요.

Are you ready? Action!

Ⓐ Let's **get out of** here right now. I'm scared to death.
Ⓑ Calm down, Jane. There's nothing to be afraid of. Just be patient.

Ⓐ 지금 당장 여기서 나가자. 무서워 죽겠단 말이야.
Ⓑ 진정해, 제인. 두려워할 게 아무것도 없어. 좀 참아봐.

**상황
표현**

I'm scared to death. 무서워 죽겠어.

어떤 이유로 겁을 먹게 되면 나도 모르게 몸이 먼저 반응하게 됩니다. 마치 사시
나무처럼 몸이 떨리게 되죠. I'm scared to death.는 '너무 무서워 죽을 것 같다.'
로 '무서워 죽겠어.'처럼 의역하면 좀 더 자연스러워요.

유사표현 I'm so scared. 너무 무서워
I'm so frightened. 너무 겁나요

어휘정리 be afraid of ~을 두려워하다 right now 지금 당장 calm down 진정하다
patient 참을성 있는

**상황
학습**

상황 회화에서 배운 대화문을 복습해 볼까요?

한글에 맞춰 영어로 말해보세요.

● 지금 당장 여기서 나가자   Let's

● 무서워 죽겠단 말이야

● 진정해, 제인

● 두려워할 게 아무것도 없어   There's nothing to

● 좀 참아봐

Action English 067

루시가 뭔가를 손으로 가리키며 토니에게 확인 좀 해보라고 말하는 상황이에요.

Are you ready? Action!

Ⓐ Hey, Tony! Come here and check this out.
Ⓑ What is it? It looks like a bird.

Ⓐ 이봐, 토니! 여기 와서 이것 좀 봐봐.
Ⓑ 뭔데 그래? 새처럼 보이네.

Check this out. 이것 좀 봐, 이것 좀 확인해 봐.

숙어로 check out은 '확인하다', '조사하다', '체크아웃하다'처럼 다양한 의미로 사용됩니다. 이 말을 Check this out.처럼 응용해서 말하면 '이것 좀 봐.' 또는 '이것 좀 확인해 봐.'의 뜻으로 통하죠.

유사표현 **Check it out.** 이것 좀 봐, 이것 좀 확인해 봐
Come and check this out. 와서 이것 좀 봐

어휘정리 here 여기, 이곳 look like ~처럼 보이다 bird 새

상황 회화에서 배운 대화문을 복습해 볼까요?

한글에 맞춰 영어로 말해보세요.

● 이봐, 토니!

● 여기 와서

● 이것 좀 봐봐

● 뭔데 그래?　　　　　　　　　　　What is

● 새처럼 보이네　　　　　　　　　　It looks like

Action English 068

**상황
회화**

갈증을 느끼는 밥이 클라라에게 물을 부탁하는 상황이에요.

Are you ready? Action!

Ⓐ Can you get me **some water**? I'm really thirsty.
Ⓑ Okay. One moment, please. Here you go.

- -

Ⓐ 물 좀 줄래? 정말 목말라서 그래.
Ⓑ 알았어요. 잠시만 기다려 주세요. 여기 있어요.

**상황
표현**

I'm really thirsty. 정말 목말라요.

갈증 나면 물을 찾게 되죠. I'm really thirsty.는 '정말 목말라요.'입니다. 형용사 thirsty는 '갈증 나는'의 뜻이죠.

유사표현 I'm so thirsty. 너무 목말라

어휘정리 water 물 moment 순간

**상황
학습**

상황 회화에서 배운 대화문을 복습해 볼까요?

한글에 맞춰 영어로 말해보세요.

● 물 좀 줄래?

● 정말 목말라서 그래

● 알았어요

● 잠시만 기다려 주세요

● 여기 있어요

Can you get me

Action English 069

상황 회화

> 마이클이 제니에게 포기하지 말고 느긋하게 행동하라고 말하는 상황이에요.

Are you ready? Action!

Ⓐ Come on, Jenny. You can do it. Don't give up. Take your time.
Ⓑ Thanks for saying that.

Ⓐ 어서, 제니. 넌 할 수 있어. 포기하지 마. 여유를 가져.
Ⓑ 말이라도 고마워.

상황 표현

Take your time. 천천히 해요, 여유를 가져요.

일을 서둘러서 한다고 생각대로 잘 되는 법은 없어요. 여유를 갖고 신중하게 생각하면서 처리하는 게 더 중요하죠. Take your time.은 '너의 시간을 가져라.'로 여유를 가지면서 '천천히 해.'라는 의미입니다.

유사표현 You don't need to hurry. Just take your time.
서두를 필요 없어. 여유를 갖고 해

어휘정리 give up 포기하다 say 말하다

상황 학습

> 상황 회화에서 배운 대화문을 복습해 볼까요?

한글에 맞춰 영어로 말해보세요.

● 어서, 제니

● 넌 할 수 있어   You can _____

● 포기하지 마   Don't _____

● 여유를 가져

● 말이라도 고마워   Thanks for -ing _____

Action English 070

상황회화 — 잭슨이 동료 비비안에게 잠시 자리를 비켜 달라고 부탁하는 상황이에요.

Are you ready? Action!

Ⓐ Excuse me, would you step out for a moment? I have a call to make.
Ⓑ Okay. Take all the time you need.

Ⓐ 죄송하지만, 잠깐 나가주시겠어요? 전화할 데가 있어서요.
Ⓑ 알았어요. 천천히 하세요.

상황표현

Would you step out for a moment? 잠깐 나가주시겠어요?

때로는 누군가에게 양해를 구할 때가 있어요. 개인적인 전화 통화라든지 용무 때문에 주위 사람에게 잠깐 나가 달라고 말할 수 있거든요. Would you step out for a moment?(잠깐 나가주시겠어요?)입니다. 숙어로 step out은 '나가다', '(자리) 비우다'의 뜻이죠.

유사표현 **Could you step out for a second?** 잠시만 자리 좀 비켜주시겠어요?

어휘정리 **call** 전화하다, 전화 **need** 필요하다

상황학습 — 상황 회화에서 배운 대화문을 복습해 볼까요?

한글에 맞춰 영어로 말해보세요.

- 죄송하지만, _____
- 잠깐 나가주시겠어요? _____
- 전화할 데가 있어서요   I have _____
- 알았어요 _____
- 천천히 하세요 _____

076

There's nothing to... ~할 게 없어요

우리말에 '있다'를 영어로 There is(are)로 표현합니다. 여기에 부정대명사 nothing과 to부정사(to+동사원형)를 함께 사용해서 There's nothing to...라고 하면 그 의미는 '~할 게 없어요'예요. 다시 말해서 to부정사(to+동사 원형)는 nothing을 꾸며주는 형용사 역할을 하죠.

There's nothing to worry about.　　　　　　　　걱정할 게 없어요.

There's nothing to do.　　　　　　　　　　　　할 일이 없어.

077

What is...? ~이 뭐예요?

아는 지인들과 즐거운 대화를 나누다 보면 사적인 질문들을 물어보는 경우가 생기게 마련입니다. What is...? 패턴은 '~이 뭐예요?'입니다. Be동사 다음에 궁금한 내용을 넣어 표현하면 돼요.

What is your favorite sport**?**　　　　　가장 좋아하는 스포츠가 뭐예요?

What is the point**?**　　　　　　　　　　　요점이 뭐야?

078

It looks like... ~처럼 보여요, ~처럼 생겼어요

사물 따위를 보면서 '~처럼 보여요', '~처럼 생겼어요'라고 말하려면 It looks like... 패턴이 필요합니다. 여기서 like(~처럼)는 동사나 접속사가 아닌 전치사 역할을 해요.

It looks like a leaf.　　　　　　　　　　나뭇잎처럼 생겼는데.

It looks like a dog.　　　　　　　　　　개처럼 보여요.

079

Can you get me...? ~ 좀 갖다 줄래요?

남에게 뭔가를 가져다 달라고 부탁할 때 Can you get me...? 패턴을 활용합니다. 의미는 '~ 좀 갖다 줄래요?'이죠. 기내에서 승무원에게 물이나 커피처럼 마실 것 좀 부탁할 수 있거든요.

Can you get me some water? 물 좀 줄래요?

Can you get me the bill, please? 계산서 좀 가져다주시겠어요?

080

Thanks for -ing ~해줘서 고마워요

누군가가 자기에게 호의를 베풀거나 도움을 주었다면 '~해줘서 고마워요'처럼 말하며 감사의 마음을 전하는 게 당연합니다. Thanks for -ing인데요, Thank you for -ing 처럼 표현하기도 하죠.

Thanks for hav**ing** me. 초대해줘서 고마워요.

Thanks for help**ing** me. 도와줘서 고마워.

ACT

15

ACT_15.mp3

Action English Preview

Action English 071

캐론이 밥에게 다시는 실망시키지 않겠다고 약속하는 상황이에요.

Are you ready? Action!

Ⓐ Don't **worry, Bob.** I'll never **disappoint** you again. I promise.
Ⓑ Don't **let me down.** I'll keep an eye on you.

Ⓐ 걱정 마, 밥. 결코 다시는 널 실망시키지 않을 거야. 약속할게.
Ⓑ 날 실망시키지 마. 내가 널 지켜볼 거야.

I'll keep an eye on you. 내가 당신을 지켜볼 거예요.

사격할 때 한쪽 눈을 감고 표적을 쳐다보는 것처럼 상대방을 지켜보겠다는 뜻으로 I'll keep an eye on you.라고 합니다. 네이티브들이 자주 사용하는 표현 중에 하나죠. 다시 말해서 상대방이 어떤 일을 하던 처음부터 끝까지 쭉 지켜보겠다는 의미가 담겨있는 거예요.

유사표현 **I'll be watching you.** 내가 널 지켜볼 거야

어휘정리 **disappoint** 실망시키다 **let down** 실망시키다 **promise** 약속하다

상황
학습 상황 회화에서 배운 대화문을 복습해 볼까요?

한글에 맞춰 영어로 말해보세요.

● 걱정 마, 밥   Don't _____

● 결코 다시는 널 실망시키지 않을 거야   I'll never _____

● 약속할게   _____

● 날 실망시키지 마   Don't _____

● 내가 널 지켜볼 거야   _____

Action English 072

상황 회화

신디가 토니에게 자신의 문제에 대해 신경 쓰지 말고 단호하게 말하는 상황이에요.

Are you ready? Action!

Ⓐ Hey, Tony! This is not your problem, so get your nose out of it.
Ⓑ What? Is that all you've got to say?

Ⓐ 이봐, 토니! 네 문제 아니니까, 넌 이 일에 끼어들지 마.
Ⓑ 뭐? 너 말 다 했어?

상황 표현

Get your nose out of it. 넌 빠져, 넌 이 일에 끼어들지 마.

남의 일이 마치 자신의 일인 것처럼 이래라저래라 참견하고 간섭하는 사람이 주위에 많아요. 이럴 때 그런 사람에게 Get your nose out of it.이라 말하게 되죠. '넌 빠져.', '넌 이 일에 끼어들지 마.'예요. 우린 어떤 일에서 '손을 떼다'라고 하지만 네이티브들은 '코를 빼다'처럼 표현해요.

유사표현 **Keep your nose out of it.** 넌 이 일에서 빠져
It's none of your concern. 네 알바가 아냐

어휘정리 have got to+동사 ~해야 한다 problem 문제

상황 학습

상황 회화에서 배운 대화문을 복습해 볼까요?

한글에 맞춰 영어로 말해보세요.

● 이봐, 토니!

● 네 문제 아니니깐,　　　　　　This is not your

● 넌 이 일에 끼어들지 마

● 뭐?

● 너 말 다 했어?

Action English 073

상황 회화

빌이 메리의 요리 솜씨에 대해 칭찬하는 상황이에요.

Are you ready? Action!

ⓐ Wow, I'm impressed. You look like a professional cook.
ⓑ Thanks. When it comes to cooking, I'm a fast learner.

ⓐ 와, 놀랐어. 마치 전문 요리사처럼 보여.
ⓑ 고마워. 요리에 관해서라면, 난 빨리 배우는 편이야.

상황 표현

I'm a fast learner. 전 빨리 배우는 편이에요.

유난히 뭔가를 남들보다 빨리 배우는 사람이 있어요. 이를 a fast learner라 하죠.
그러므로 I'm a fast learner.는 '전 빨리 배우는 편이에요.'의 의미예요.

유사표현 **I'm a quick learner.** 난 무엇이든 빨리 배워

어휘정리 professional cook 전문 요리사 when it comes to ~에 관한 한
be impressed 감동받다, 깜짝 놀라다

상황 학습

상황 회화에서 배운 대화문을 복습해 볼까요?

한글에 맞춰 영어로 말해보세요.

- 와, 놀랐어   I'm _____

- 마치 전문 요리사처럼 보여   You look like _____

- 고마워   _____

- 요리에 관해서라면,   When it comes to _____

- 난 빨리 배우는 편이야   _____

Action English 074

상황 회화 · 샘이 제인과 결혼하지 않겠다고 직장 동료인 신디에게 말하는 상황이에요.

Are you ready? Action!

Ⓐ I'm not gonna get married to Jane. I mean it.
Ⓑ What? Are you nuts? That doesn't make any sense.

- -

Ⓐ 난 제인과 결혼 안 할 거야. 진심이야.
Ⓑ 뭐? 제정신이야? 그건 말도 안 돼.

상황 표현

Are you nuts? 미쳤어?, 제정신이야?, 돌았어?

터무니없이 말도 안 되는 행동이나 말을 하면 때론 **Are you nuts?** 처럼 말하며
격분하게 되죠. '미쳤어?', '제정신이야?'의 뜻입니다. 명사 nut 땅콩처럼 견과류
를 말하죠. 구어체에서는 '미친'의 의미도 돼요.

유사표현 **Have you lost your mind?** 제정신이야?
You must be out of your mind. 넌 제정신이 아냐

어휘정리 **make sense** 일리가 있다 **get married to** ~와 결혼하다 **mean** 의미하다, 진심이다

상황 학습 · 상황 회화에서 배운 대화문을 복습해 볼까요?

한글에 맞춰 영어로 말해보세요.

● 난 제인과 결혼 안 할 거야   I'm not going to _____

● 진심이야   _____

● 뭐?   _____

● 제정신이야?   _____

● 그건 말도 안 돼   _____

075

상황 회화 ─ 로사가 짐에게 문 좀 닫아달라고 부탁하는 상황이에요.

Are you ready? Action!

Ⓐ Jim, were you born in a barn? Just close the door. It's too cold outside.

Ⓑ Oh, I'm sorry. I didn't know you might be here.

Ⓐ 짐, 왜 꼬리가 길어? 문 닫아. 밖이 너무 춥단 말이야.

Ⓑ 오, 미안해. 네가 여기에 있을 줄 몰랐어.

상황 표현

Were you born in a barn? 왜 꼬리가 길어?, 문 좀 닫고 다녀.

우리는 문을 닫지 않고 들어오면 '왜 이렇게 꼬리가 길어?'라고 말하는 반면에 네이티브들은 '너는 헛간에서 태어났니?'로 표현해요. 즉, 헛간은 허름해서 문이 없기 때문에 바람이 술술 새어 들어올 수 있는 곳이잖아요. 다시 말해 Were you born in a barn?은 '왜 꼬리가 길어?', '문 좀 닫고 다녀.'라는 의미로 사용되는 표현이죠.

유사표현 **Close the door.** 문 닫아

Why don't you close the door? 문 좀 닫아주시죠?

어휘정리 cold 추운 outside 바깥쪽 know 알다

상황 학습 ─ 상황 회화에서 배운 대화문을 복습해 볼까요?

한글에 맞춰 영어로 말해보세요

● 짐, 왜 꼬리가 길어? _____

● 문 닫아 _____

● 밖이 너무 춥단 말이야   It's too _____

● 오, 미안해   I'm _____

● 네가 여기에 있을 줄 몰랐어   I didn't _____

081

I'll never... 난 결코 ~하지 않을 거예요, 난 결코 ~안 할 거예요

스스로 뭔가를 결코 하지 않겠다고 다짐할 때 I'll never...라고 합니다. 의미는 '난 결코 ~하지 않을 거예요', '난 결코 ~안 할 거예요'예요.

I'll never see you again.   난 결코 널 다시 안 볼 거야.

I'll never let you go.   결코 당신을 보내지 않을 거예요.

082

This is not your... 이것은 당신의 ~이 아니에요

누군가가 고의로 실수나 잘못을 하지 않은 상태라면 '이것은 당신의 ~이 아니에요'라고 말하며 다독이게 됩니다. This is not your...처럼 말이에요.

This is not your fault.   이건 네 잘못이 아냐.

This is not your mistake.   이건 당신의 실수가 아니에요.

083

You look like... 당신은 ~처럼 보여요

상대방의 모습이 어때 보인다고 할 때 You look like...처럼 말하게 되는데요, '당신은 ~처럼 보여요'예요.

You look like a million dollars.   너 참 부티나 보여.

You look like a tourist.   당신은 여행객처럼 보여요.

084

When it comes to... ~에 관한 한, ~에 있어

특히 자신 없는 일이 있으면 '~에 관한 한', '~에 있어'라고 먼저 얘기를 꺼내게 됩니다.
When it comes to... 패턴에서 to는 전치사 역할을 함으로 뒤에 명사나 동명사 구조가
나와야 하죠.

When it comes to cooking, I'm all thumbs. 요리에 관한 한, 난 젬병이야.

When it comes to dancing, I have two left feet. 춤에 있어, 난 몸치야.

085

I'm not going to... ~하지 않을 거예요, ~에 가는 중이 아니에요, ~에 안 갈 거예요

뭔가 하지 않겠다고 다짐하거나 어디에는 가지 않겠다고 할 때 네이티브들은 I'm not
going to... 패턴으로 표현합니다. 뜻이 상황에 따라 좀 다른데요, '~하지 않을 거예요'
처럼 해석될 때는 to 다음에 동사가 나와야 하며, 반대로 장소 명사가 오면 '~에 가는
중이 아니에요', '~에 안 갈 거예요'가 되죠.

I'm not going to leave for work. 나 출근하지 않을 거야.

I'm not going to Seattle. 시애틀에 가는 중이 아니에요.

16

ACT_16.mp3

Action English Preview

Action English

Action English 076

▶

상황 회화

제인이 샘에게 오늘 어떤 좋은 일이라도 있는지 궁금해서 묻는 상황이에요.

Are you ready? Action!

Ⓐ Wow, you're dressed up. What's the occasion?
Ⓑ I'm going out on a date. Wish me luck.

Ⓐ 와우, 쫙 빼입었네. 무슨 특별한 일 있어?
Ⓑ 나 데이트 가. 행운 좀 빌어줘.

상황 표현

I'm going out on a date. 나 데이트 가.

사랑하는 사람과 함께 하는 것만큼 기분 좋은 일은 없어요. I'm going out on a date.는 '난 데이트 가.'로 go out은 '외출하다'이며 on a date는 '데이트에'입니다.

유사표현 I have a date. 나 데이트 있어

어휘정리 be dressed up 옷을 잘 차려입다 occasion 특별한 행사, 용건 wish 바라다
luck 행운

상황 학습

상황 회화에서 배운 대화문을 복습해 볼까요?

한글에 맞춰 영어로 말해보세요.

● 와우,

● 쫙 빼입었네   You're

● 무슨 특별한 일 있어?   What's

● 나 데이트 가

● 행운 좀 빌어줘   Wish me

Action English 077

상황 회화

공부에 집중하고 있던 캐서린이 브라이언에게 조용히 해달라고 부탁하는 상황이에요.

Are you ready? Action!

Ⓐ Hey, Brian, keep it down. You are too loud.
Ⓑ Oops! Sorry. I'll try.

- -

Ⓐ 이봐, 브라이언, 조용히 해. 너무 시끄럽잖아.
Ⓑ 이런! 미안해. 그렇게.

상황 표현

Keep it down. 조용히 해.

누군가가 큰소리로 대화를 하거나 통화한다면 '조용히 해.'라고 부탁하게 됩니다.
Keep it down.인데요, 목소리를 아래로(down) 낮춘 상태를 유지하라는 뜻이
지만, 결국 '조용히 해.'라는 의미예요.

유사표현 Keep your voice down. 목소리 좀 낮춰
Lower your voice. 목소리 좀 낮춰

어휘정리 loud 시끄러운 try 시도하다, 노력하다

상황 학습

상황 회화에서 배운 대화문을 복습해 볼까요?

한글에 맞춰 영어로 말해보세요.

● 이봐, 브라이언, _____

● 조용히 해 _____

● 너무 시끄럽잖아 You are too _____

● 이런! 미안해 _____

● 그렇게 I'll _____

Action English **078**

상황 회화

잭이 의사가 되려던 꿈을 포기하려고 하는 상황이에요.

Are you ready? Action!

Ⓐ I'd better give up on my dreams of becoming a doctor. It's just a waste of time.

Ⓑ You know, no pain, no gain. There are no free rides in the world.

- -

Ⓐ 의사 되려는 꿈 포기하는 게 낫겠어. 그냥 시간 낭비야.

Ⓑ 있잖아. 노력 없으면 얻는 게 없어. 세상에는 공짜란 없단 말이야.

상황 표현

There are no free rides. 공짜란 없어.

세상일이 자기 뜻대로 쉽게 이루어진다면 노력할 필요가 전혀 없겠죠. 하지만 현실은 그렇지 못합니다. 한마디로 공짜란 없는 거예요. 네이티브들은 There are no free rides.라고 표현하죠.

유사표현 **There is no easy way.** 세상에 쉬운 일은 아무것도 없어요

어휘정리 give up on 포기하다 dream 꿈 become a doctor 의사가 되다 pain 고통
gain 소득 in the world 세상에

상황 학습

상황 회화에서 배운 대화문을 복습해 볼까요?

한글에 맞춰 영어로 말해보세요.

● 의사 되려는 꿈 포기하는 게 낫겠어   I'd better _____

● 그냥 시간 낭비야   _____

● 있잖아,   _____

● 노력 없으면 얻는 게 없어   _____

● 세상에는 공짜란 없단 말이야   _____

Action English 079

상황회화 신디가 브래드의 실수에 대해 크게 개의치 않는 상황이에요.

Are you ready? Action!

Ⓐ It is all my fault. I can't tell you how sorry I am.
Ⓑ That's okay, Brad. Things happen. Don't worry too much about it.

Ⓐ 다 제 잘못이에요. 정말 죄송합니다.
Ⓑ 괜찮아요, 브래드. 그럴 수도 있죠. 너무 크게 걱정 말아요.

상황표현

I can't tell you how sorry I am. 정말 죄송합니다.

자신의 잘못을 사과하는 말은 정말 다양합니다. 그중에서 I can't tell you how sorry I am.은 '정말 죄송합니다.'로 직역하면 '제가 얼마나 미안한지 말로써 당신에게 말할 수가 없어요.'죠. 같은 말이라도 진심을 담아 정중하게 사과하게 되면 쉽게 용서를 받을 수가 있어요.

유사표현 **My apologies.** 죄송해요
I'm awfully sorry. 정말 죄송해요
I'm terribly sorry. 정말 미안해요

어휘정리 fault 실수 happen 발생하다 worry 걱정하다

상황학습 상황 회화에서 배운 대화문을 복습해 볼까요?

한글에 맞춰 영어로 말해보세요.

● 다 제 잘못이에요   It is _____

● 정말 죄송합니다   _____

● 괜찮아요, 브래드   _____

● 그럴 수도 있죠   _____

● 너무 크게 걱정 말아요   Don't _____

Action English 080

상황 회화

피터가 애슐리에게 늦게 온 것에 대해 사과하는 상황이에요.

Are you ready? Action!

Ⓐ I'm sorry I'm late. But it won't happen again. I promise.
Ⓑ Okay. I trust you.

Ⓐ 늦어서 미안해. 하지만 다시는 이런 일 없을 거야. 약속할게.
Ⓑ 알았어. 널 믿어.

상황 표현

It won't happen again. 다시는 이런 일 없을 거야.

자신이 저지른 일을 사과하며 '다시는 이런 일 없을 거야.'라고 말하려면 It won't happen again.처럼 표현하면 됩니다.

유사표현 It won't happen over again. 다시는 이런 일 생기지 않을 거예요

어휘정리 promise 약속하다 be late 늦다 trust 믿다

상황 학습

상황 회화에서 배운 대화문을 복습해 볼까요?

한글에 맞춰 영어로 말해보세요.

● 늦어서 미안해   I'm _____

● 하지만 다시는 이런 일 없을 거야   _____

● 약속할게   _____

● 알았어   _____

● 널 믿어   _____

086

You are too... 당신은 너무 ~해요, 당신은 매우 ~해요

상대방의 모습이 좀 지나치다고 느껴질 때 You are too...라고 합니다. '당신은 너무 ~
해요', '당신은 매우 ~해요'예요. 여기서 부사 too는 '너무', '지나치게'의 뜻이죠.

You are too young. 넌 너무 젊어.

You are too fat. 넌 너무 뚱뚱해.

087

I'd better... ~하는 게 낫겠어요, ~하는 게 좋겠어요

우리말에도 '~하는 게 낫겠어요', '~하는 게 좋겠어요'가 있어요. 네이티브들은 I'd
better...라고 하죠. I'd better는 I had better의 줄임말이에요.

I'd better go now. 지금 가는 게 낫겠어.

I'd better drive carefully. 조심해서 운전하는 게 좋겠어요.

088

What's... ~이 뭐예요?

의문사 what은 영어회화에서 정말 다양하게 사용됩니다. 기본적으로 What's... 패턴은
'~이 뭐예요?'의 뜻으로 문제가 뭔지, 말의 요점이 뭔지를 묻고 싶을 때 사용할 수 있어
요.

What's the matter? 무슨 일이야?

What's the point? 요점이 뭐예요?

089

Wish me... 나에게 ~을 빌어줘요

중요한 인터뷰가 있거나 소개팅이 있다면 친구나 아는 지인에게 '행운 좀 빌어줘.'처럼
말하게 됩니다. Wish me... 패턴을 사용하죠. 즉, '나에게 ~을 빌어줘요'입니다.

Wish me the best.   내게 행운 좀 빌어줘.

Wish me good luck.   행운을 빌어줘요.

ACT

17

ACT_17.mp3

Action English Preview

Action English

Action English 081

▶

상황 회화 ─ 러블리가 토니에게 일본에 도착하면 꼭 전화하라고 부탁하는 상황이에요.

Are you ready? Action!

Ⓐ Tony, don't forget to call me when you reach Japan. Okay?

Ⓑ No worries. I'll give you a call as soon as I get there. I promise.

Ⓐ 토니, 일본에 도착하면 전화하는 거 잊지 마. 알았어?

Ⓑ 걱정 마. 거기 도착하자마자 전화할게. 약속하지.

상황 표현

I'll give you a call. 내가 전화할게.

전화와 관련된 표현들이 정말 많습니다. 숙어로 give someone a call은 '누군가에게 전화를 하다'인데요, I'll give you a call.이라 말하면 '내가 전화할게.'가 되는 거예요.

유사표현 **I'll give you a ring.** 전화할게
I'll give you a buzz. 전화할게요
I'll call you. 전화할게

어휘정리 **reach** 연락하다, 도착하다 **forget** 잊다 **promise** 약속하다

상황 학습 ─ 상황 회화에서 배운 대화문을 복습해 볼까요?

한글에 맞춰 영어로 말해보세요.

● 토니, 일본에 도착하면 전화하는 거 잊지 마   Don't forget to _____

● 알았어?   _____

● 걱정 마   _____

● 거기 도착하자마자 전화할게   As soon as I _____

● 약속하지   _____

Action English 082

상황 회화 → 밥이 샐리에게 참석해야 할 결혼식이 있어 그만 가봐야겠다고 얘기하는 상황이에요.

Are you ready? Action!

Ⓐ Are you taking off **now**?
Ⓑ Yeah, I have a wedding to attend. See you around. Bye.

Ⓐ 지금 가는 거야?
Ⓑ 응. 참석해야 할 결혼식이 있어. 나중에 봐. 잘 가.

상황 표현 →

Are you taking off? 너 가는 거야?

비행기가 이륙하는 것을 take off이라고 하는데요, 구어체에서 take off를 활용해서 Are you taking off?이라 말하면 마치 비행기가 이륙하듯 '너 가는 거야?'라는 의미입니다.

유사표현 Are you leaving now? 지금 가는 거야?

어휘정리 attend 참석하다 wedding 결혼식

상황 학습 → 상황 회화에서 배운 대화문을 복습해 볼까요?

한글에 맞춰 영어로 말해보세요.

● 지금 가는 거야? _____

● 응, _____

● 참석해야 할 결혼식이 있어 I have _____

● 나중에 봐 _____

● 잘 가 _____

Action English 083

상황
회화
샘이 식사 후 직원에게 계산서를 요청하는 상황이에요.

Are you ready? Action!

Ⓐ Excuse me, can I get the check, please?
Ⓑ Sure, no problem. Here you go. Did you enjoy your meal?

Ⓐ 실례지만, 계산서 좀 주시겠어요?
Ⓑ 물론이죠. 여기 있어요. 식사는 맛있게 하셨어요?

상황
표현

Can I get the check, please? 계산서 좀 주시겠어요?

식사나 술 한잔한 뒤 계산하고 싶을 때 직원에게 Can I get the check, please?
라고 말하게 됩니다. '계산서 좀 주시겠어요?'의 뜻인데요, 간단하게 Check,
please.처럼 표현해도 되죠.

유사표현 **Can I get the bill, please?** 계산서 좀 갖다 주시겠어요?
Check, please. 계산서 주세요

어휘정리 **problem** 문제 **enjoy** 즐기다 **meal** 음식

상황
학습
상황 회화에서 배운 대화문을 복습해 볼까요?

한글에 맞춰 영어로 말해보세요.

● 실례지만,

● 계산서 좀 주시겠어요?

● 물론이죠.

● 여기 있어요

● 식사는 맛있게 하셨어요?   Did you

Action English 084

상황 회화

토니가 여자 친구와 헤어졌다고 말하는 상황이에요.

Are you ready? Action!

Ⓐ Tony, how is your girlfriend? Is she doing well?

Ⓑ I don't know for sure. Honestly, we broke up a week ago.

Ⓐ 토니, 여자 친구 어떻게 지내? 잘 지내고 있는 거야?

Ⓑ 잘 모르겠어. 실은, 일주일 전에 헤어졌거든.

상황 표현

We broke up. 우리 헤어졌어요.

만남이 있으면 이별도 있어요. 이처럼 누군가와 헤어졌을 경우 break up을 사용하는데요, '헤어지다'의 뜻이죠. 그러므로 We broke up.은 '우리 헤어졌어요.'의 뜻입니다.

유사표현 I broke up with my girlfriend(=boyfriend).
여자친구(=남자친구)랑 헤어졌어

어휘정리 girlfriend 여자친구 do well 잘 지내다 for sure 확실하게 honestly 실은, 솔직히

상황 학습

상황 회화에서 배운 대화문을 복습해 볼까요?

한글에 맞춰 영어로 말해보세요.

● 토니, 여자 친구 어떻게 지내?　　　　How is

● 잘 지내고 있는 거야?

● 잘 모르겠어　　　　I don't

● 실은,

● 일주일 전에 헤어졌거든

Action English 085

상황 회화 — 마이클이 제인에게 지난 일에 대해 크게 개의치 말라고 얘기하는 상황이에요.

Are you ready? Action!

Ⓐ What is past is past. Just forget about it.
Ⓑ Okay. I will. Thanks for your understanding.

Ⓐ 지난 일은 지난 일이야. 그냥 잊어버려.
Ⓑ 알았어. 그럴게. 이해해줘서 고마워.

상황 표현

Forget about it. 됐어, 잊어버려.

어떤 문제가 생겼을 때 본인은 화나지만 대범하게 '됐어.'라든지 '잊어버려.'처럼 말하고자 할 때 Forget about it.이라고 해요. 난 괜찮으니 크게 신경 쓰지 말고 잊어버리라는 뜻인 거죠.

[유사표현] **Just forget about it.** 그냥 잊어버려

[어휘정리] understanding 이해, 양해 thanks for ~에 감사하다

상황 학습 — 상황 회화에서 배운 대화문을 복습해 볼까요?

[한글에 맞춰 영어로 말해보세요.]

● 지난 일은 지난 일이야

● 그냥 잊어버려

● 알았어

● 그럴게

● 이해해줘서 고마워   Thanks for

ACT **17** 패턴 익히며 암기하기

090

Did you...? ~했어요?

내가 아닌 상대방이 과거에 했었던 일에 대해 알고 싶을 때 사용하는 패턴이 바로 Did you...?예요. 의미는 '~했어요?'인데요, 이미 앞에서 did로 과거 표시를 했으므로 뒤에 나오는 동사는 원형으로 표현하면 되죠.

Did you see the weather forecast? 날씨 예보 봤어?

Did you drink a lot? 술 많이 마셨나요?

091

How is...? ~은 어때요?, ~은 어떻게 지내요?

대화를 하다 보면 상황에 따라서는 상대방이 하는 일이나 가족에 대한 안부 따위를 물어볼 수 있어요. How is...? 패턴이 필요하죠. 의미는 '~은 어때요?', '~은 어떻게 지내요?'예요.

How is it going? 어떻게 지내요?

How is your class going? 수업은 어때?

092

Don't forget to... ~하는 거 잊지 마

상대방에게 뭔가 하는 걸 잊지 말라고 부탁할 때 Don't forget to...를 사용해요. 의미는 '~하는 거 잊지 마'입니다. 여기서 to 다음에는 동사 원형이 나오죠.

Don't forget to text me. 나에게 문자 보내는 거 잊지 마.

Don't forget to wake me up. 날 깨우는 거 잊지 마.

093

As soon as I... 내가 ~하자마자

우리말에 '내가 ~하자마자'를 네이티브들은 As soon as I...처럼 말합니다. 다시 말해서 as soon as는 접속사 역할을 하죠. 바로 뒤에 '주어+동사'처럼 절의 구조가 나옵니다.

As soon as I finish my work, I'll drop by your office.

일 마치자마자 사무실에 들를게.

As soon as I get there, I'll call you back.

거기 도착하자마자 당신께 다시 전화할게요.

ACT

18

ACT_18.mp3

Action English Preview

Action English 086

미셸이 짐에게 캐빈 제안을 수락할 건지 물어보는 상황이에요.

Are you ready? Action!

Ⓐ Are you gonna **take his offer or not**?

Ⓑ I can't **tell you offhand**, but I'll sleep on it and **let** you know tomorrow. Got it?

- -

Ⓐ 그 사람 제안을 받아들일 거야 말 거야?

Ⓑ 지금은 뭐라고 얘기 못 하겠어, 하지만 곰곰이 생각해보고 내일 알려 줄게. 알았지?

I'll sleep on it. 곰곰이 생각해 볼게, 좀 더 생각해 보고 결정할게.

중요한 결정을 해야 할 경우 그 자리에서 바로 결정할 수도 있지만, 하루 정도 시간의 여유를 갖고 곰곰이 생각해 본 후 결정할 수도 있어요. 상대에게 **I'll sleep on it.**처럼 말하면 그 의미는 '곰곰이 생각해 볼게.', '좀 더 생각해 보고 결정할게.'예요.

[유사표현] **Let me sleep on it.** 곰곰이 생각해 볼게요

[어휘정리] **offhand** 즉석에서 **offer** 제안 **know** 알다 **tomorrow** 내일

상황 회화에서 배운 대화문을 복습해 볼까요?

한글에 맞춰 영어로 말해보세요.

- 그 사람 제안을 받아들일 거야 말 거야?　　Are you going to _____

- 지금은 뭐라고 얘기 못 하겠어,　　I can't _____

- 하지만 곰곰이 생각해보고　　_____

- 내일 알려 줄게　　Let _____

- 알았지?　　_____

Action English 087

상황 회화

잭이 아버지의 죽음에 슬퍼하는 상황이에요.

Are you ready? Action!

Ⓐ You know what? My father just passed away, so I feel so sad.

Ⓑ Oh, I'm sorry to hear that. My condolences.

Ⓐ 있잖아요? 아버님이 방금 돌아가셨어요, 그래서 너무 슬퍼요.

Ⓑ 오, 유감스럽군요. 애도를 표합니다.

상황 표현

My condolences. 무슨 말씀을 드려야 할지, 애도를 표합니다.

주위에 아는 지인들에게 좋지 않은 일이 생기게 되면 안타까움은 이루 말할 수 없게 되죠. 특히 죽음 앞에서는 더 그렇습니다. My condolences.를 이런 상황에서 사용하는데요, '애도를 표합니다.'의 의미로 명사 condolence는 '애도', '조의'의 뜻이에요.

유사표현 **I'm so sorry to hear that.** 정말 유감스럽습니다

That's too bad. 안됐군요

어휘정리 pass away 돌아가시다 know 알다 sad 슬픈 hear 듣다

상황 학습

상황 회화에서 배운 대화문을 복습해 볼까요?

한글에 맞춰 영어로 말해보세요.

● 있잖아요?

● 아버님이 방금 돌아가셨어요,

● 그래서 너무 슬퍼요   I feel so

● 오, 유감스럽군요   I'm sorry to

● 애도를 표합니다

Action English 088

상황
회화

길을 건너던 로지는 자기 쪽으로 오토바이가 오고 있다는 사실을 모르고 있는 상황이에요.

Are you ready? Action!

Ⓐ Watch out! That motorcycle almost hit you!

Ⓑ Oh, my goodness! That was a close call. I didn't know it was coming right at me.

- -

Ⓐ 조심해! 저 오토바이에 거의 칠 뻔했어.

Ⓑ 오, 이런! 큰일 날 뻔했네. 내 쪽으로 오는지 몰랐어.

상황
표현

Watch out! 조심해요!

길을 걷다가 길이 미끄러워 혹시나 넘어질 수도 있고 무단횡단하다간 버스나 택시에 칠 수도 있어요. 위험하죠. 주의가 항상 필요합니다. Watch out!은 '조심해!'라는 뜻이에요.

유사표현 **Look out!** 조심해
Be careful. 조심해

어휘정리 close call 위기일발, 구사일생 motorcycle 오토바이 come right at ~쪽으로 오다

상황
학습

상황 회화에서 배운 대화문을 복습해 볼까요?

한글에 맞춰 영어로 말해보세요.

● 조심해!

● 저 오토바이에 거의 칠 뻔했어

● 오, 이런!

● 큰일 날 뻔했네

● 내 쪽으로 오는지 몰랐어   I didn't

Action English 089

상황 회화

영업부 소속인 샘 박이 누군가와 전화 통화를 하는 상황이에요.

Are you ready? Action!

Ⓐ Excuse me, but to whom am I speaking?
Ⓑ Hello. This is Sam Park from the sales department. Do you remember me?

Ⓐ 미안하지만, 전화 받으신 분은 누구시죠?
Ⓑ 안녕하세요. 영업부 샘 박입니다. 절 기억하시겠어요?

상황 표현

To whom am I speaking? 전화 받으신 분은 누구시죠?

전화상에서 자신과 통화를 하는 사람이 누구인지 궁금할 때가 있어요. To whom am I speaking?이라고 하죠. 의미는 '전화 받으신 분 누구시죠?'예요.

유사표현 **To whom am I talking?** (전화상에서) 누구시죠?
Who's calling? 전화하신 분 누구시죠?

어휘정리 sales department 영업부   remember 기억하다

상황 학습

상황 회화에서 배운 대화문을 복습해 볼까요?

한글에 맞춰 영어로 말해보세요.

● 미안하지만,

● 전화 받으신 분은 누구시죠?

● 안녕하세요

● 영업부 샘 박입니다   This is

● 절 기억하시겠어요?   Do you

Action English 090

**상황
회화**

캔이 써니에게 기분전환으로 이탈리언 음식 먹자고 제안하는 상황이에요.

Are you ready? Action!

Ⓐ How about Italian food for a change? It's on me.
Ⓑ No, that's out. I have an upset stomach. Sorry.

Ⓐ 기분전환으로 이탈리언 음식 어때? 내가 쏠게.
Ⓑ 아니, 그건 안 돼. 내가 배탈이 났거든. 미안해.

**상황
표현**

That's out. 그건 안 돼.

상대의 제안이 마음에 안 들 때 그 제안을 퇴짜 놓게 되죠. 소신 있게 자신의 생각을 얘기할 때 That's out.이라 해요. '그건 안 돼.'의 뜻이죠. 다시 말해서 '그 제안을 받아들이는 것은 문제 밖이다(out).'라는 의미입니다.

유사표현 **No way.** 말도 안 돼

어휘정리 **for a change** 기분전환으로 **upset stomach** 배탈 **food** 음식

**상황
학습**

상황 회화에서 배운 대화문을 복습해 볼까요?

한글에 맞춰 영어로 말해보세요.

● 기분전환으로 이탈리언 음식 어때?   How about

● 내가 쏠게

● 아니, 그건 안 돼

● 내가 배탈이 났거든   I have

● 미안해

ACT **18** 패턴 익히며 암기하기

094

Are you going to? ~할 거예요?, ~에 가는 중이에요?, ~에 갈 거예요?

회화체에서 많이 사용되는 숙어 중의 하나인 be going to+동사원형은 '~할 것이다'의 뜻인데요. 보통 동사가 나오면 '~할 것이다'지만 장소 명사가 나오면 '~에 가는 중이다' 또는 '~에 갈 것이다'처럼 해석됩니다. 그러므로 상대에게 Are you going to...?라고 하면 '~할 거예요?', '~에 가는 중이에요?', '~에 갈 거예요?'의 의미가 되는 거예요.

Are you going to marry Cindy? 신디랑 결혼할 건가요?

Are you going to London? 런던에 갈 거야?

095

I feel so... 너무 ~해요, 매우 ~해요

자신의 감정이나 기분 따위를 얘기할 때 동사 feel이 필요한데요. 이 동사는 뒤에 형용사가 나오죠. I feel so... 패턴은 '너무 ~해요', '매우 ~해요'의 의미입니다. 여기에 부사 so를 넣어 자신의 감정 또는 기분을 한층 더 강조해서 말할 수 있어요.

I feel so gloomy. 너무 우울해요.

I feel so worried. 너무 걱정돼.

096

I'm sorry to... ~해서 미안해요, ~에 유감이에요

'~해서 미안해요', '~에 유감이에요'라 할 때 제일 먼저 생각나는 단어는 sorry입니다. 누군가로부터 좋지 않은 얘기를 들었거나 자신이 한 행동에 사과하고자 할 때 I'm sorry to... 패턴을 사용하죠.

I'm sorry to hear that. 유감이에요.

I'm sorry to interrupt you. 방해해서 미안해요.

097

This is... 이것은 ~이에요, 이것은 ~해요

사물이나 장소 또는 사람을 가리키며 '이것은 ~이에요'라고 할 때 This is..., 현재 처한 상황을 '이것은 ~해요'처럼 묘사할 때 This is...이라고 해요.

This is it.   바로 여기예요.

This is too dangerous.   여긴 너무 위험해요.

098

Do you...? 당신은 ~해요?

Do you...? 다음에 어떤 동사가 오냐에 따라 다양한 질문을 할 수 있는데요, 의미는 '당신은 ~해요?'예요. 시간이 있는지 운동은 좋아하는지... 주제가 화자에 따라 달라지죠.

Do you like shopping?   쇼핑 좋아해요?

Do you know my number?   넌 내 전화번호 알아?

099

How about...? ~이 어때요?, ~하는 게 어때요?

함께 하면 더욱더 즐거울 것 같다고 느껴지면 적극적으로 같이 하자고 제안하게 됩니다. '~이 어때요?'라든지 '~하는 게 어때요?'처럼 말이에요. 네이티브들은 이런 상황에서 How about...? 패턴을 이용합니다. 전치사 about 다음에는 명사나 동명사가 나오죠. 특히 어떤 동작을 같이 하자고 제안할 때는 동명사(-ing)로 표현해요.

How about going for a hike?   하이킹하러 가는 게 어때요?

How about tonight?   오늘밤은 어때?

ACT

ACT_19.mp3

Action English Preview

상황
회화

• 사무실에서 일하고 있는 잭에게 손님이 찾아오는 상황이에요.

Are you ready? Action!

Ⓐ Jack! You have a visitor.

Ⓑ Really? Excuse me for a sec. I'll be right back.

Ⓐ 잭! 누가 널 찾아왔어.

Ⓑ 정말? 잠깐만 실례. 곧 돌아올게.

상황
표현

You have a visitor. 누가 널 찾아왔어.

나도 모르는 사이 자신을 찾아온 사람이 있다면 함께 있던 누군가가 한마디 외치게 되죠. You have a visitor.라고요. 직역하면 '넌 방문객을 가지고 있다.'지만 자연스럽게 의역하면 '누가 널 찾아왔어.'입니다. 방문객(visitor)은 자신이 잘 알고 지내는 사람이 될 수도 있고 초면인 사람이 될 수도 있어요.

유사표현 **There is a visitor for you.** 손님이 와 계세요

어휘정리 **for a sec** 잠시, 잠깐

상황
학습

• 상황 회화에서 배운 대화문을 복습해 볼까요?

한글에 맞춰 영어로 말해보세요.

● 잭!

● 누가 널 찾아왔어

● 정말?

● 잠깐만 실례   Excuse me for

● 곧 돌아올게   I'll

Action English 092

상황
회화 ● 샘이 제니와 전화통화를 하려던 상황이에요.

Are you ready? Action!

Ⓐ I'll get it. Hello? Who's this?

Ⓑ This is Sam speaking. Can I speak to Jenny, please?

- -

Ⓐ 내가 받을게. 여보세요? 누구시죠?

Ⓑ 샘입니다. 제니랑 통화할 수 있을까요?

상황
표현

I'll get it. (전화) 내가 받을게.

집에 있는 동안 전화벨이 울리면 서둘러 받게 됩니다. I'll get it.라고 하죠. 뜻은
'(전화) 내가 받을게.'예요.

유사표현 **I'll get the phone.** 내가 전화 받게

I'll pick up the phone. 내가 전화 받게

어휘정리 **speak to** ~와 말하다

상황
학습 ● 상황 회화에서 배운 대화문을 복습해 볼까요?

한글에 맞춰 영어로 말해보세요.

● 내가 받을게　　　　　　　　　　　_____

● 여보세요?　　　　　　　　　　　　_____

● 누구시죠?　　　　　　　　　Who's _____

● 샘입니다　　　　　　　　　　This is _____

● 제니랑 통화할 수 있을까요?　Can I _____

Action English 093

상황 회화 써니가 뭔가 문제가 있는 것처럼 보이는 스티브에게 말 거는 상황이에요.

Are you ready? Action!

Ⓐ Hey, Steve. What's wrong? What is it?
Ⓑ My ears are popping. That's all.

- -

Ⓐ 이봐, 스티브. 왜 그래? 무슨 일이야?
Ⓑ 귀가 먹먹해서 그래. 그게 다야.

상황 표현

My ears are popping. 귀가 먹먹해요.

해외여행을 갈 때 가장 많이 이용하는 교통수단이 바로 비행기예요. 그런데 비행 도중 고도가 높아지게 되면 가끔은 귀가 먹먹해 질 때가 있어요. 물론 산행을 할 때도 그렇죠. My ears are popping.처럼 말합니다. '귀가 먹먹해요.'로 동사 pop는 '귀가 멍해지다'예요.

[유사표현] I think my ears are popping. 귀가 먹먹한 거 같아요

[어휘정리] wrong 틀린, 잘못된

상황 학습 상황 회화에서 배운 대화문을 복습해 볼까요?

[한글에 맞춰 영어로 말해보세요.]

● 이봐, 스티브

● 왜 그래?   What's

● 무슨 일이야?

● 귀가 먹먹해서 그래

● 그게 다야   That's

Action English 094

상황회화 ── 피터가 지나에게 양해를 구하고 잠시 바람 쐬려고 자리를 비우는 상황이에요.

Are you ready? Action!

Ⓐ May I be excused? I need to get some fresh air.
Ⓑ Sure, do as you please. Take your time.

- -

Ⓐ 잠깐 실례해도 될까요? 바람 좀 쐐야겠어요.
Ⓑ 물론이죠, 좋을 대로 하세요. 천천히 하세요.

상황표현

May I be excused? 잠깐 실례해도 될까요?

대화 도중에 급한 용무 때문에 잠시 자리를 비워야 할 경우 May I be excused? 처럼 말하며 양해를 구하게 됩니다. '잠깐 실례해도 될까요?'예요. 화장실에 가야 할 때나 전화 통화를 해야 할 경우처럼 상황에 맞게 적절하게 구사하면 된답니다.

유사표현 Could I be excused for a minute? 잠깐 실례해도 되겠습니까?

어휘정리 get some fresh air 바람 좀 쐐다 need to ~할 필요가 있다 time 시간

상황학습 ── 상황 회화에서 배운 대화문을 복습해 볼까요?

한글에 맞춰 영어로 말해보세요.

● 잠깐 실례해도 될까요?

● 바람 좀 쐐야겠어요   I need to

● 물론이죠,

● 좋을 대로 하세요

● 천천히 하세요

Action English 095

상황
회화

아담스가 애니에게 작별 인사를 전하는 상황이에요.

Are you ready? Action!

Ⓐ I'm afraid I have to go now. Nice talking to you. Have a great weekend.
Ⓑ Same to you! Take care.

- -

Ⓐ 이제 가봐야겠어요. 얘기 잘 나눴어요. 좋은 주말 보내세요.
Ⓑ 당신도요! 잘 가요.

상황
표현

Same to you! 당신도요!

상대방에게 좋은 얘기를 듣게 되면 기분이 저절로 좋아집니다. 자신도 똑같은 마음을 전달하고 싶어지죠. '당신도요!'처럼 말이에요. 간단하게 Same to you!라고 하죠.

유사표현 **You too.** 너도

어휘정리 **talk to** ~와 얘기하다 **weekend** 주말 **go now** 지금 가다

상황
학습

상황 회화에서 배운 대화문을 복습해 볼까요?

한글에 맞춰 영어로 말해보세요.

- 이제 가봐야겠어요   I'm afraid I have to

- 얘기 잘 나눴어요

- 좋은 주말 보내세요   Have a

- 당신도요!

- 잘 가요

ACT **19** 패턴 익히며 암기하기

100

Who's...? 누가 ~이에요?, ~은 누구예요?

전화가 오면 '누구세요?', 초인종이 울리면 '누구세요?'라고 나도 모르게 말하게 됩니다. Who's...? 패턴은 '누가 ~이에요?', '~은 누구예요?'의 뜻인데요, 이런 상황에서 유용하죠.

Who's calling? (전화상에서) 누구세요?

Who's this guy? 이 친구는 누구야?

101

That's... 그건 ~예요, 그건 ~해요

지시 대명사 that은 '그거', '저거'인데요, That's... 패턴으로 표현하면 그 의미는 '그건 ~예요', '그건 ~해요'입니다. 사물을 가리켜 말할 수도 있지만 자신의 생각 따위를 언급할 때도 That's... 패턴으로 의사를 전달할 수 있답니다.

That's my car. 그건 내 차야.

That's nonsense. 말도 안 돼요.

102

I'm afraid I have to... 유감스럽지만 ~해야 해요

마음 내키지 않은 상황을 얘기해야만 할 때 공손하게 돌려 말하는 말투가 I'm afraid I have to...예요. '유감스럽지만 ~해야 해요'입니다. 숙어로 have to+동사원형은 '~해야 한다'로 이 말 속에는 뭔가 해야 하는 '당위성'이 포함된 거예요.

I'm afraid I have to go home early. 일찍 집에 가야겠어요.

I'm afraid I have to go back to Japan. 유감스럽지만 일본으로 돌아가야겠어요.

103

Excuse me for... ~해서 죄송해요

누군가를 기다리게 했거나 자신의 모습이 엉망일 경우 상대방에게 미안하다고 말하며 양해를 구하게 됩니다. Excuse me for... 패턴으로 표현할 수 있는데요, 뜻은 '~해서 죄송해요'입니다.

Excuse me for keeping you waiting.   기다리게 해서 죄송해요.

Excuse me for my messy appearance.   내 몰골이 말이 아니야.

104

This is... 이 분은 ~이에요, 이것은 ~예요

사람이나 사물을 얘기할 때 This is... 패턴으로 말합니다. 의미는 '이분은 ~이에요', '이것은 ~예요'인데요, be동사 다음에 사람이나 사물이 나올 수 있어요.

This is my best friend.   얘가 내 절친이야.

This is my place.   이곳이 제 집이에요.

ACT

20

ACT_20.mp3

Action English Preview

Action English  096

상황 회화

택시 안에서 신디가 택시 기사에게 빨리 가자고 부탁하는 상황이에요.

Are you ready? Action!

Ⓐ Excuse me, I'm in a rush. Step on it, please.
Ⓑ Okay, I'll try.

- -

Ⓐ 죄송한데요. 급하거든요. 좀 더 밟아 주세요.
Ⓑ 알았어요. 그럴게요.

상황 표현

Step on it. 속도 좀 밟아요, 좀 더 밟아 주세요.

약속 시각에 늦을 경우 어쩔 수 없이 택시를 이용해야 하죠. 때로는 택시 기사에게 늦었으니 좀 밟아 달라고 부탁하게 됩니다. **Step on it.**처럼 말이에요. '속도 좀 밟아요.'의 뜻입니다. 여기서 **it**은 바로 엑셀레이터를 말하며, '그 위에 발을 올려놓으라.'는 것은 결국 '속도를 좀 더 내라.'는 의미죠.

유사표현 **Can you step on it, please?** 속도 좀 밟아주시겠어요?

어휘정리 **be in a rush** 서두르다 **try** 시도하다, 노력하다

상황 학습

상황 회화에서 배운 대화문을 복습해 볼까요?

한글에 맞춰 영어로 말해보세요.

● 죄송한데요,

● 급하거든요   I'm in

● 좀 더 밟아 주세요

● 알았어요,

● 그럴게요

Action English 097

상황
회화

샘이 옷 가게 주인과 가격에 대해 흥정하고 있는 상황이에요.

Are you ready? Action!

Ⓐ It's too expensive. Can't you come down a little?
Ⓑ What? No way. Just take it or leave it.

Ⓐ 너무 비싸요. 좀 깎아줄 수 없어요?
Ⓑ 뭐요? 말도 안 돼요. 싫으면 관둬요.

상황
표현

Take it or leave it. 싫으면 관둬요, 양자택일해야 해요.

최후통첩으로 사용하는 말이 Take it or leave it.입니다. 받아들이든 버리든 양
자택일해야 하는 거죠. 우리말 '싫으면 관둬요.'에 해당됩니다.

유사표현 **You can take it or you can leave it.** 양자택일해야 합니다

어휘정리 **come down a little** 값을 좀 깎다 **expensive** 비싼

상황
학습

상황 회화에서 배운 대화문을 복습해 볼까요?

한글에 맞춰 영어로 말해보세요.

● 너무 비싸요   It's too

● 좀 깎아줄 수 없어요?   Can't you

● 뭐요?

● 말도 안 돼요

● 싫으면 관둬요

Action English 098

피터가 지니에게 과감하게 시도해 보라고 격려하는 상황이에요.

Are you ready? Action!

Ⓐ I'm not sure if this will work, but let's give it a try.
Ⓑ That's fine. I think it's worth a try. Trust me.

Ⓐ 이게 효과가 있을지는 모르겠어. 하지만 한번 해보자고.
Ⓑ 좋아. 충분히 시도할 만한 가치가 있는 것 같아. 날 믿어봐.

Let's give it a try. 한 번 해봅시다.

어떤 일이든 용기를 갖고 과감하게 시도해 보는 게 중요합니다. 시도가 없으면 결과가 없겠지요. 숙어로 give it a try는 '시도하다', '한 번 해보다'예요.

유사표현 **Let's do it.** 그렇게 하자
Let's try. 시도해 봅시다

어휘정리 **work** 일하다, 효과가 있다 **be worth a try** ～할 가치가 있다 **trust** 믿다

상황 회화에서 배운 대화문을 복습해 볼까요?

한글에 맞춰 영어로 말해보세요.

● 이게 효과가 있을지는 모르겠어,   I'm not sure if

● 하지만 한번 해보자고

● 좋아

● 충분히 시도할 만한 가치가 있는 것 같아   I think

● 날 믿어봐

Action English 099

상황 회화

애슐리가 직장 상사 잭에게 며칠 휴가를 내도 되는지 묻는 상황이에요.

Are you ready? Action!

Ⓐ Can I take a few days off next week?
Ⓑ No. That's impossible. I mean, no means no.

Ⓐ 다음 주에 며칠 휴가 내도 돼요?
Ⓑ 안 돼. 불가능해. 내 말은, 안 되면 안 되는 줄 알아.

상황 표현

No means no. 안 된다고 했잖아!, 안 되면 안 되는 줄 알아.

때에 따라서는 안 되는 일은 절대로 안 된다고 단호하게 말할 수 있어요. No means no. 즉, 노(no)라고 말한 것은 끝까지 노(no)가 된다는 의미예요. 뭔가를 거절해야 할 경우 뜨뜻미지근하게 말하기보다는 상대방이 좀 기분 나빠 할지라도 확실하게 대답해 주는 게 더 나을 수 있거든요.

유사표현 **No way.** 말도 안 돼
That's impossible. 그건 불가능해

어휘정리 **take a few days off** 며칠 쉬다 **mean** 의미하다 **impossible** 불가능한

상황 학습

상황 회화에서 배운 대화문을 복습해 볼까요?

한글에 맞춰 영어로 말해보세요.

● 다음 주에 며칠 휴가 내도 돼요?   Can I _____

● 안 돼   _____

● 불가능해   _____

● 내 말은,   _____

● 안 되면 안 되는 줄 알아   _____

Action English 100

캐론이 샘에게 잊지 말고 꼭 전화하라고 말하는 상황이에요.

Are you ready? Action!

Ⓐ Sam, listen up. Don't forget to call me when you get there, okay?
Ⓑ Will do. Don't worry. I give you my word.

- -

Ⓐ 샘, 잘 들어. 거기 도착하면 잊지 말고 전화해. 알았지?
Ⓑ 그럴게. 걱정 마. 약속하지.

I give you my word. 약속할게요.

자신이 하는 말은 거짓이 아닌 진심임을 보여주고 싶을 때가 있어요. 한마디로
Trust me.(날 믿어줘)라고 하죠. I give you my word.는 '약속할게요.'로 명사
word는 promise처럼 '약속'이라는 뜻입니다.

유사표현 **Take my word for it.** 내 말 믿어
You have my word. 확실하게 약속드립니다

어휘정리 forget 까먹다　call 전화하다　listen up 경청하다

상황 회화에서 배운 대화문을 복습해 볼까요?

한글에 맞춰 영어로 말해보세요.

- 샘, 잘 들어

- 거기 도착하면 잊지 말고 전화해, 알았지?　Don't

- 그럴게

- 걱정 마　Don't

- 약속하지

ACT **20** 패턴 익히며 암기하기

105

I'm in... 난 ~에 있어요, 난 ~한 상태예요

기본적인 패턴 I'm... 다음에 전치사 in이 나오는 경우 자신의 현재 상태나 장소를 말하게 되는 거예요. I'm in... 패턴이 그렇습니다. '난 ~에 있어요'처럼 자신의 위치를, '난 ~한 상태예요'처럼 자신의 상태를 적절하게 표현하게 되는 거죠.

I'm in Chicago. 난 시카고에 있어.

I'm in trouble. 난 곤경에 빠졌어요.

106

Can't you...? ~할 수 없어요?

스스로 판단하기에 상대방이 뭔가를 할 수 있을 거라고 확신한 상태에서 '~할 수 없어요?'처럼 말하며 다시금 확인하고 싶을 때, 네이티브들은 Can't you...? 패턴으로 묻습니다.

Can't you wait a little longer? 좀 더 기다릴 수 없어?

Can't you see it? 보면 모르겠어요?

107

I'm not sure if I can... 내가 ~할 수 있을지 모르겠어요

스스로 판단하기에 뭔가 할 수 있을지 확신이 안 들 때 I'm not sure if I can...처럼 분명하게 의사를 전달해야 합니다. 그래야 오해의 소지가 없거든요. 뜻은 '내가 ~할 수 있을지 모르겠어요'예요.

I'm not sure if I can go alone. 내가 혼자 갈 수 있을지 모르겠어요.

I'm not sure if I can get married. 내가 결혼할 수 있을지 모르겠어.

108

It's too... 너무 ~해요, 아주 ~해요

부사 too는 '너무', '지나치게'인데요, 스스로 판단하기에 좀 과하다고 느껴질 때 It's too...라고 말합니다. '너무 ~해요', '아주 ~해요'이죠. 뒤에 따르는 형용사를 부사 too가 꾸며줍니다.

It's too sweet.   너무 달아요.

It's too disappointing.   아주 실망스러워.

A
C
T

21

ACT_21.mp3

Action English Preview

Action English

101 ● Stuff like that.

102 ● I'm in good shape.

103 ● You make me crazy.

104 ● I swear to God.

105 ● I'm done talking to you.

Action English 101

상황
회화
빌이 써니에게 여가 시간에 뭐 하는지 물어보는 상황이에요.

Are you ready? Action!

Ⓐ What do you **do in your spare time?**

Ⓑ **Well,** it depends on **my mood. I watch movies or go shopping and** stuff like that.

- -

Ⓐ 여가 시간에 뭐해?

Ⓑ 글쎄, 기분에 따라 달라. 영화 보거나 쇼핑하거나 기타 등등.

상황
표현

Stuff like that. 기타 등등.

대화 도중에 구체적으로 열거하기는 좀 그렇고 '기타 등등'처럼 말하며 대화를 이어가고 싶을 때가 있어요. Stuff like that.이라 표현하죠.

유사표현 **Things like that.** 기타 등등

And so on. 기타 등등

etc. 등등

어휘정리 **in one's spare time** 여가 시간에 **watch movies** 영화보다 **go shopping** 쇼핑하다
depend on ~에 달려있다

상황
학습
상황 회화에서 배운 대화문을 복습해 볼까요?

한글에 맞춰 영어로 말해보세요.

● 여가 시간에 뭐해?   What do you

● 글쎄,

● 기분에 따라 달라   It depends on

● 영화 보거나 쇼핑하거나

● 기타 등등

Action English 102

상황회화 — 짐이 매일 규칙적으로 운동하기 때문에 건강하다고 얘기하는 상황이에요.

Are you ready? Action!

🅐 Jim, you look healthy for your age.

🅑 Thanks. I'm in good shape because I try to exercise on a daily basis.

🅐 짐, 나이에 비해 건강해 보여요.

🅑 고마워. 매일 운동하려고 노력 중이라서 난 몸 상태가 좋아.

상황표현

I'm in good shape. 난 몸 상태가 좋아요.

운동을 통해서 몸 상태를 제대로 유지하는 게 중요합니다. 숙어로 be in good shape는 '컨디션이 좋다', '몸 상태가 좋다'예요. I'm in good shape.는 '난 몸 상태가 좋아요.'의 의미입니다.

유사표현 I'm healthy. 나 건강해

어휘정리 healthy 건강한 on a daily basis 매일 age 나이 exercise 운동하다
on a daily basis 매일

상황학습 — 상황 회화에서 배운 대화문을 복습해 볼까요?

한글에 맞춰 영어로 말해보세요.

● 짐, 나이에 비해 건강해 보여요   You look _____

● 고마워   _____

● 난 몸 상태가 좋아   _____

● 운동하려고 노력 중이라서   I try to _____

● 매일   _____

Action English 103

**상황
회화**

Are you ready? Action!

Ⓐ Enough! You make me crazy! I can't take it anymore!

Ⓑ Oh, I'm terribly sorry, but my intentions were good.

- -

Ⓐ 그만해! 너 때문에 미치겠단 말이야! 더 이상 못 참겠어!

Ⓑ 오, 정말 미안해. 하지만 원래 그럴 의도는 없었어.

**상황
표현**

You make me crazy. 너 때문에 미치겠어.

살다 보면 짜증 나는 일이 정말 많아요. 직장 생활 때문에 그럴 수도 있고 인간 관계 때문에 그럴 수도 있어요. 때론 상대방이 나를 정말 미치게 만든다면 You make me crazy.라 말하면 되죠. '너 때문에 미치겠어.'예요.

유사표현 **You make me sick.** 너 때문에 토할 것 같아

어휘정리 intention 의도 terribly 끔찍하게, 굉장히 anymore 더 이상

**상황
학습**

상황 회화에서 배운 대화문을 복습해 볼까요?

한글에 맞춰 영어로 말해보세요.

● 그만해!

● 너 때문에 미치겠단 말이야!

● 더 이상 못 참겠어!   I can't

● 오, 정말 미안해,   I'm

● 하지만 원래 그럴 의도는 없었어

Action English 104

상황
회화

루시가 부루스에게 자신은 아무것도 잘못한 일이 없다고 얘기하는 상황이에요.

Are you ready? Action!

Ⓐ What's the matter? Did you do anything wrong?

Ⓑ No. I didn't do anything wrong. I swear to God.

Ⓐ 너 왜 그래? 뭐 잘못했어?

Ⓑ 아니. 잘못한 일 없어. 맹세해.

상황
표현

I swear to God. 맹세합니다.

자신이 하는 말은 거짓이 아니라고 하며 하느님께 맹세한다고 말하죠. 네이티브 들은 I swear to God.라고 해요. 동사 swear는 '맹세하다'예요. 다시 말해서 I swear to God.은 '맹세합니다.'의 뜻이에요.

유사표현 I swear. 맹세해요

어휘정리 matter 문제 wrong 잘못된

상황
학습

상황 회화에서 배운 대화문을 복습해 볼까요?

한글에 맞춰 영어로 말해보세요.

● 너 왜 그래?   What's _____

● 뭐 잘못했어?   Did you _____

● 아니   _____

● 잘못한 일 없어   I didn't _____

● 맹세해   _____

Action English 105

피터가 신디에게 할 말은 다 했다며 혼자 있게 내버려 달라고 부탁하는 상황이에요.

Are you ready? Action!

ⓐ I'm done talking to you, so leave me alone.
ⓑ What? No way. I'm not finished talking to you yet.

ⓐ 할 말 다 했으니깐, 혼자 있게 좀 내버려 둬.
ⓑ 뭐? 절대 안 돼. 난 아직 얘기 안 끝났어.

I'm done talking to you. 너와는 얘기 다 끝났어, 할 말 더 없어.

남에게 더 이상 할 말이 없을 때 I'm done talking to you.라고 합니다. 숙어로 be done은 finish라는 뜻이죠. 그러므로 '너와는 얘기 다 끝났어.' 또는 '할 말 더 없어.'가 되는 거예요.

유사표현 I don't want to talk to you anymore.
더 이상 당신과 얘기하고 싶지 않아요

어휘정리 alone 혼자서 finish 끝내다 talk to ~와 얘기하다 yet 아직

상황 회화에서 배운 대화문을 복습해 볼까요?

한글에 맞춰 영어로 말해보세요.

● 할 말 다 했으니깐,

● 혼자 있게 좀 내버려 둬

● 뭐?

● 절대 안 돼

● 난 아직 얘기 안 끝났어　　　　　I'm not finished -ing

109

What do you...? 당신은 무엇을 ~해요?

평소에 하는 일이 뭔지 물어 볼때 What do you...? 패턴을 활용합니다. 의미는 '당신을 무엇을 ~해요?'인데요, 여가 시간에 뭘 하는지, 취미로 하는 일이 뭔지 이 패턴으로 물어볼 수가 있죠.

What do you do in your spare time? 여가 시간에 뭐해요?

What do you do for fun? 취미가 뭐야?

110

It depends on... ~에 따라 달라요

자신이 하는 행동은 주변 상황이나 기분에 따라 다르다고 할 때, 네이티브들은 It depends on...으로 말해요. '~에 따라 달라요'입니다.

It depends on my mood. 기분에 따라 달라요.

It depends on the situation. 상황에 따라 달라.

111

You look... 당신은 ~해 보여요

남의 모습을 보고 기분이나 상태가 어떠해 보인다고 표현할 때 You look... 패턴이 필요합니다. 뜻은 '당신은 ~해 보여요'예요. 피곤해 보인다고 할 때도, 졸려 보인다고 할 때도 You look...으로 표현할 수 있답니다.

You look awesome. 멋져 보여요.

You look nervous. 초조해 보여.

112

I'm not finished -ing 난 ~하는 거 안 끝났어요

자신이 하는 말이나 행동이 아직 끝나지 않았다고 얘기할 때 유용한 패턴이 I'm not finished -ing예요. '난 ~하는 거 안 끝났어요'로 숙어로 be finished -ing는 '~하는 거 끝내다'라는 뜻이에요.

I'm not finished do**ing** the dishes yet.　　　　　아직 설거지 안 끝났어.

I'm not finished talk**ing** to her.　　　　　　　걔랑 얘기 안 끝났어.

ACT

22

ACT_22.mp3

Action English Preview

상황 회화 ● 피터와 제인이 서로 전화 통화를 하는 상황이에요.

Are you ready? Action!

ⓐ Hey, are you there?

ⓑ Yeah, I'm listening. Go ahead.

ⓐ 이봐, 내 말 듣고 있어?

ⓑ 응, 듣고 있어. 계속해.

상황 표현

Are you there? (전화 대화 도중) 내 말 듣고 있는 거예요?

전화 대화 도중 나는 열심히 말하고 있는데 상대 쪽에서 아무런 기척도 보이지 않으면 '내 말 듣고 있는 거야?'라고 묻게 돼요. Are you there?인데요, '너 거기 있어?'가 아닌 '내 말 듣고 있는 거야?'로 쓰이는 말이죠.

유사표현 **Are you listening?** 내 말 듣고 있어?

어휘정리 **listen** 경청하다

상황 학습 ● 상황 회화에서 배운 대화문을 복습해 볼까요?

한글에 맞춰 영어로 말해보세요.

● 이봐,

● 내 말 듣고 있어?

● 응,

● 듣고 있어   I'm -ing

● 계속해

Action English 107

상황 회화

토마스가 앨리에게 더 이상 전화통화 할 수 없다고 얘기하는 상황이에요.

Are you ready? Action!

Ⓐ I've gotta go. Nice talking to you. Bye.
Ⓑ Nice talking to you too. Catch you later.

Ⓐ 전화 끊어야겠어. 얘기 잘 나눴어. 안녕.
Ⓑ 나 역시 얘기 잘 나눴어. 나중에 봐.

상황 표현

I've gotta go. 가야 해, 전화 끊자.

즐거운 대화 도중 집에 가야 할 경우나 전화 통화 중에 어쩔 수 없이 전화를 끊어야 할 상황에서 I've gotta go.라 합니다. 의미는 두 가지가 되는데요, '가야 해.' 또는 '전화 끊자.'예요.

유사표현 I should get going. 가야겠어요
I gotta go. 전화 끊어야겠어

어휘정리 talk to ～와 얘기하다

상황 학습

상황 회화에서 배운 대화문을 복습해 볼까요?

한글에 맞춰 영어로 말해보세요.

● 전화 끊어야겠어 _____

● 얘기 잘 나눴어 _____

● 안녕 _____

● 나 역시 얘기 잘 나눴어   Nice -ing

● 나중에 봐 _____

Action English 108

상황 회화

재키가 애니에게 일 처리를 잘했다고 칭찬하는 상황이에요.

Are you ready? Action!

Ⓐ That'll do. Well done. Good job.
Ⓑ Oh, really? Thanks for saying that.

Ⓐ 그 정도면 됐어. 잘했어! 수고했어.
Ⓑ 오, 정말이야? 말이라도 고마워.

상황 표현

That'll do. 그 정도면 충분해요, 그거면 됐어요, 그 정도면 됐어요.

생각보다는 좀 부족하지만, 그 정도면 충분하다고 얘기할 때 That'll do.라고 하죠. 동사 do는 여기서 '하다'가 아닌 '충분하다'예요.

유사표현 **That'll be enough.** 그 정도면 충분할 거예요

어휘정리 **really** 정말로

상황 학습

상황 회화에서 배운 대화문을 복습해 볼까요?

한글에 맞춰 영어로 말해보세요.

● 그 정도면 됐어

● 잘했어!

● 수고했어

● 오, 정말이야?

● 말이라도 고마워   Thanks for -ing

Action English 109

상황 회화

샐리가 제임스에게 지난 일을 빨리 잊어버리라고 충고하는 상황이에요.

Are you ready? Action!

Ⓐ Listen. You gotta put the past behind you. Just forget about it.

Ⓑ I wish I could, but it's easier said than done.

Ⓐ 잘 들어. 지난 일은 잊어. 그냥 잊어버려.

Ⓑ 그럴 수만 있으면 좋겠어. 하지만 말이야 쉽지.

상황 표현

You gotta put the past behind you. 지난 일은 잊어요.

과거 일에 구태여 얽매이기보다는 현실을 똑바로 직시하는 게 더 중요합니다. 옛날 일에 너무 집착하는 것도 좋지만은 않아요. You gotta put the past behind you.는 '과거를 네 뒤쪽으로 두어야 해.'지만 자연스럽게 의역하면 '지난 일은 잊어.' 또는 '지난 일은 지난 일이야.'이에요.

유사표현 **Let bygones be bygones.** 옛날 일은 옛날 일이야

What is past is past. 과거는 과거일 뿐이야

어휘정리 be easier said than done 말은 쉽다 listen 경청하다 forget 잊다

상황 학습

상황 회화에서 배운 대화문을 복습해 볼까요?

한글에 맞춰 영어로 말해보세요.

● 잘 들어

_____

● 지난 일은 잊어

_____

● 그냥 잊어버려

_____

● 그럴 수만 있으면 좋겠어,

I wish _____

● 하지만 말이야 쉽지

_____

Action English 110

상황
회화 샘이 엠마에게 내일 저녁 식사 같이할 수 있는지 물어보는 상황이에요.

Are you ready? Action!

Ⓐ Are you **still** coming to dinner tomorrow night?

Ⓑ Well, I'm **not sure** if I can make it. So don't hold your breath.

Ⓐ 내일 밤 저녁 식사하는 거 아직도 유효한 거지?

Ⓑ 글쎄, 약속 지킬 수 있을지는 모르겠어. 그러니깐 너무 기대는 마.

상황
표현

Don't hold your breath. 너무 기대는 마, 그런 일은 없을 거야.

자신이 하는 말이나 행동에 상대방의 기대치가 너무 크면 왠지 부담스럽게 느껴
지게 되죠. 당연한 일입니다. **Don't hold your breath.**라고 하면 '너무 기대는
하지 마.', '그런 일은 없을 거야.'예요. 직역하면 '숨을 참지 말라.'예요. 다시 말해
서 '숨을 참으며 뭔가를 초조하게 기다리지 말라.'는 의미가 내포되었어요.

유사표현 **Don't expect too much.** 너무 기대하지 마

어휘정리 **dinner** 저녁 **make it** 해내다, 성공하다

상황
학습 상황 회화에서 배운 대화문을 복습해 볼까요?

한글에 맞춰 영어로 말해보세요.

● 내일 밤 저녁 식사하는 거 아직도 유효한 거지?   Are you _____

● 글쎄,

● 모르겠어   I'm not _____

● 약속 지킬 수 있을지는

● 그러니깐 너무 기대는 마

113

Nice -ing ~해서 기뻐요

해외여행을 하다 보면 여러 나라에서 온 다양한 여행객과 잠깐이나마 대화를 나눌 기회를 가질 수가 있어요. 짧은 대화 후 작별인사로 '만나서 반가웠어요.'라든지 '얘기 잘 나눴어요.'처럼 한마디 건네게 되는데요, Nice -ing(~해서 기뻐요) 패턴이 이런 상황에서 적절하죠.

Nice talk**ing** to you.   얘기 잘 나눴어요.

Nice meet**ing** you.   만나서 반가웠어요.

114

I wish... ~하길 바라요, ~하길 빌게요

바라고 희망하는 것이 있으면 I wish...라고 하죠. 이 말뜻은 '~하길 바라요', '~하길 빌게요'입니다. 즐거운 대화를 나눈 뒤 상대에게 작별 인사로 I wish... 패턴을 활용할 수 있어요.

I wish you good health.   건강하길 바라요.

I wish you the best of luck.   행운을 빌게요.

115

I'm not... 난 ~하지 않아요, 난 ~ 안 해요

친구나 직장 동료를 만났을 때 가볍게 인사를 서로 나누게 되는데요, 상대방이 자신에게 오늘 기분이 어떤지 물어 올 때 상황에 따라서는 I'm not...식으로 대답할 수 있어요. 의미는 '난 ~하지 않아요', '난 ~ 안 해요'입니다.

I'm not ready.   난 준비 안 됐어.

I'm not tired.   안 피곤해요.

116

I've gotta... ~해야 해요

스스로 판단하기에 반드시 행동으로 옮겨야 한다면 I've gotta...를 사용하면 됩니다.
I've gotta...는 I've got to...를 말해요. 의미는 '~해야 해요'입니다.

I've gotta leave now.	지금 떠나야 해요.
I've gotta get going.	나 가봐야 돼.

ACT_23.mp3

Action English Preview

Action English 111

상황 회화

샘이 제인에게 잠시 화장실에 갔다오겠다고 말하는 상황이에요.

Are you ready? Action!

Ⓐ Excuse me for a second. I need to go to the bathroom. I'll be right back.
Ⓑ Okay, but don't be long.

- -

Ⓐ 잠시만요. 화장실에 갔다 와야겠어요. 곧 돌아올게요.
Ⓑ 알았어요. 하지만 빨리 와야 돼요.

상황 표현

Excuse me for a second. 잠깐 실례할게요, 잠시 만요.

대화 도중에 잠시 화장실 가거나 걸려온 전화를 받아야만 할 때 상대에게 먼저 양해를 구하게 되죠. Excuse me for a second.처럼 말이에요. '잠깐 실례할게요.', '잠시만요.'의 뜻입니다.

유사표현 **Can you give me a second?** 잠깐 실례해도 될까요?
Excuse me for a minute. 잠깐 실례할게

어휘정리 **long** 지체하는, 오래 끄는 **need to** ~할 필요가 있다 **bathroom** 화장실

상황 학습

상황 회화에서 배운 대화문을 복습해 볼까요?

한글에 맞춰 영어로 말해보세요.

- 잠시만요

- 화장실에 갔다 와야겠어요   I need to

- 곧 돌아올게요   I'll

- 알았어요,

- 하지만 빨리 와야 돼요   Don't

Action English 112

상황 회화

잭이 지나가 만든 음식이 맛없다고 불평하는 상황이에요.

Are you ready? Action!

Ⓐ Did you **cook** this yourself? It's overcooked and tasteless.
Ⓑ I'm so **sorry, but** this is so weird. I've never **cooked** like this before.

- -

Ⓐ 이 음식 네가 요리한 거야? 너무 익혀졌고 맛도 없어.
Ⓑ 정말 미안해. 하지만 정말 이상하단 말이야. 전에 이런 식으로 요리해 본 적이 없거든.

상황 표현

This is so weird. 정말 이상해요, 참 별나네요.

평소와는 사뭇 다른 행동을 보이게 되면 문득 싸한 기운이 돌게 되죠. 형용사 weird를 사용하는데요, This is so weird.는 '정말 이상해요.', '참 별나네요.'의 의미입니다. 사람에게도 You're so weird.(넌 참 별나)라고 말할 수 있어요.

유사표현 **This is so rare.** 이거 정말 이상해
This is so strange. 너무 이상해
This is funny. 이상해

어휘정리 **tasteless** 맛없는 **cook** 요리하다

상황 학습

상황 회화에서 배운 대화문을 복습해 볼까요?

한글에 맞춰 영어로 말해보세요.

● 이 음식 네가 요리한 거야?   Did you _____

● 너무 익혀졌고 맛도 없어   It's _____

● 정말 미안해,   I'm so _____

● 하지만 정말 이상하단 말이야   _____

● 전에 이런 식으로 요리해 본 적이 없거든   I've never _____

Action English 113

상황 회화

토니와 카렌이 서로 요리에 대해 대화를 나누는 상황이에요.

Are you ready? Action!

Ⓐ Hey, Annie, are you good at **cooking**?
Ⓑ When it comes to **cooking, I'm all thumbs.** What about **you**? Are you a **good cook**?

Ⓐ 이봐, 애니, 너 요리 잘해?
Ⓑ 요리에 관한 한, 난 젬병이야. 넌 어때? 요리 잘해?

상황 표현

I'm all thumbs. 저는 젬병입니다, 저는 소질이 없어요.

자신이 없는 일이 있으면 하기가 싫어집니다. **I'm all thumbs.**라고 하면 '손가락 모두가 엄지야.'예요. 이런 상황이라면 피아노를 잘 연주할 수는 없겠죠. 다시 말해서 '저는 젬병입니다.', '저는 소질이 없어요.'를 마치 엄지손가락에 비유해서 표현한 말이에요.

유사표현 I have two left feet. 난 몸치야, 난 운동 신경이 둔해

어휘정리 be good at ~을 잘하다 when it comes to+명사/동명사 ~에 관한한
cook 요리하다, 요리사

상황 학습

상황 회화에서 배운 대화문을 복습해 볼까요?

한글에 맞춰 영어로 말해보세요.

● 이봐, 애니, 너 요리 잘해?   Are you good at

● 요리에 관한 한,   When it comes to

● 난 젬병이야

● 넌 어때?   What about

● 요리 잘해?   Are you a

Action English 114

상황 회화

수잔이 택시 기사에게 차를 세워달라고 부탁하는 상황이에요.

Are you ready? Action!

Ⓐ Can you drop me off here, please? How much?
Ⓑ It's 10 dollars. Watch your step, because the road is very slippery.

- -

Ⓐ 여기서 내려주시겠어요? 얼마죠?
Ⓑ 10달러입니다. 발 조심하세요, 길이 너무 미끄러우니까요.

상황 표현

Can you drop me off here, please? 여기서 내려주시겠어요?

택시를 이용해서 가고자 하는 장소에 도착하게 되면 바로 택시 기사님에게 '여기서 내려주시겠어요?'라고 부탁하게 됩니다. Can you drop me off here, please?이라고 하죠. 숙어로 drop off는 '차에서 내리다'예요.

유사표현 Drop me off here, please. 여기서 내려주세요
Pull over here, please. 여기에 세워주세요

어휘정리 slippery 미끄러운 road 길 watch 주의하다, 보다

상황 학습

상황 회화에서 배운 대화문을 복습해 볼까요?

한글에 맞춰 영어로 말해보세요.

● 여기서 내려주시겠어요? _____

● 얼마죠? _____

● 10달러입니다   It's _____

● 발 조심하세요, _____

● 길이 너무 미끄러우니까요 _____

Action English 115

로사가 샘에게 상자 옮기는 거 도와달라고 부탁하는 상황이에요.

Are you ready? Action!

Ⓐ Please give me a hand with these boxes.
Ⓑ Sure, no problem. I'd be delighted to.

Ⓐ 이 상자들 옮기는 거 좀 도와주세요.
Ⓑ 네, 물론이죠. 기꺼이 도와드리죠.

Please give me a hand. 저 좀 도와주세요.

나에게 손을 주라고 하면 왠지 이상하게 들리죠. 숙어로 give ~ a hand은 '~에게 도움을 주다'라는 뜻입니다. 도움이 필요할 때 유용하게 사용할 수 있는 표현이에요.

유사표현 **Please help me.** 절 좀 도와주세요
I need your help. 당신 도움이 필요해요

어휘정리 be delighted to+동사 기꺼이 ~하다

상황 회화에서 배운 대화문을 복습해 볼까요?

한글에 맞춰 영어로 말해보세요.

● 좀 도와주세요

● 이 상자들 옮기는 거

● 네,

● 물론이죠

● 기꺼이 도와드리죠   I'd be delighted to

ACT **23** 패턴 익히며 암기하기

117

I've never... 난 결코 ~ 안 해 봤어요, 난 결코 ~해본 적이 없어요

스스로 과거에 무언가를 해본 적이 결코 없다고 딱 잘라 말할 때 I've never...라고 하죠. 의미는 '난 결코 ~ 안 해 봤어요', '난 결코 ~해본 적이 없어요'입니다.

I've never been there before. 전에 거기 결코 가 본 적이 없어요.

I've never seen him before. 걔를 결코 전에 본 적이 없어.

118

Are you good at...? 당신은 ~을 잘해요?

상대방이 잘하는 게 있으면 확인차 Are you good at...?(당신은 ~을 잘해요?)으로 물어보게 되는데요, 숙어로 be good at은 '~을 잘하다'입니다. 전치사 at 다음에는 목적어로 명사나 동명사(-ing)가 나와요.

Are you good at driving? 운전 잘해?

Are you good at Chinese? 중국어 잘해요?

119

What about...? ~ 어때요?

What about...?(~ 어때요?)과 How about...?(~ 어때요?) 둘 다 '제안'의 뜻을 갖는데요, 전자는 자신의 제안에 대한 '생각'이 어떤지에 초점이 맞춰졌다면 후자는 '제안'에 초점을 둔 거예요.

What about tomorrow morning? 내일 아침 어때요?

What about taking a coffee break? 잠깐 쉬면서 커피 한 잔 어때?

120

Are you a(an)...? 당신은 ~이에요?

안면이 전혀 없는 누군가를 만났을 때 먼저 물어보는 게 이름이나 직업 또는 신분인데요, Are you a(an)...? 패턴은 '당신은 ~이에요?'의 뜻으로 특히 신분 따위를 알고 싶을 때 사용하죠.

Are you a homemaker? 당신은 주부예요?

Are you an artist? 당신은 예술가인가요?

121

I'd be delighted to... 제가 기꺼이 ~해 드리겠습니다

주저 없이 뭔가를 기꺼이 해주겠다고 할 때 I'd be delighted to... 패턴으로 말합니다. '제가 기꺼이 ~해 드리겠습니다'의 뜻이에요. 숙어로 be delighted to+동사원형은 '기꺼이 ~하다'입니다.

I'd be delighted to accept your offer. 당신 제안을 기꺼이 받아드리겠습니다.

I'd be delighted to help you out. 제가 기꺼이 당신을 도와드릴게요.

ACT

24

ACT_24.mp3

Action English Preview

Action English 116

**상황
회화**

짧은 휴식을 보낸 뒤 다시 일하는 상황이에요.

Are you ready? Action!

Ⓐ Party's over. Let's get back to work.
Ⓑ Time really flies. You see, time goes so fast when we have fun.

- -

Ⓐ 휴식 끝. 일하러 들어갑시다.
Ⓑ 시간 참 빠르기도 하네. 그러니까, 즐거운 시간 보낼 때 시간 정말 빨라.

**상황
표현**

Let's get back to work. 일하러 들어갑시다.

일하다가 잠시 시간 내어 커피나 음료를 마시며 기분 전환을 하게 됩니다. 그러다가 다시 자리에 들어가 일해야 할 시간이 되면 누군가가 Let's get back to work.이라고 한마디 건네게 되죠. '일하러 들어갑시다.'예요. 숙어로 get back to는 '~로 돌아가다'의 뜻이에요.

유사표현 It's time to get back to work. 일하러 들어갈 시간이네요

어휘정리 really 정말로 so fast 너무 빨리 have fun 즐거운 시간을 보내다 be over 끝나다

**상황
학습**

상황 회화에서 배운 대화문을 복습해 볼까요?

한글에 맞춰 영어로 말해보세요.

● 휴식 끝   is over

● 일하러 들어갑시다

● 시간 참 빠르기도 하네

● 그러니까,

● 즐거운 시간 보낼 때 시간 정말 빨라

Action English 117

상황 회화 ── 제임스가 로사에게 어제 형과 다툰 일에 대해 얘기하는 상황이에요.

Are you ready? Action!

Ⓐ I had **a fight with** my brother last night. I'm **sick and tired of** it.

Ⓑ Again? Shame on you! When are you gonna **grow up**?

Ⓐ 지난밤 형과 싸웠어. 지겨워 죽겠어.

Ⓑ 또? 창피한 줄 알아! 언제 철들래?

상황 표현

Shame on you! 창피한 줄 알아!, 부끄러운 줄 알아!

타인이 잘못한 일을 했거나 부끄러운 행동을 했다면 그 자리에서 꾸짖게 되죠. Shame on you! 즉, '창피한 줄 알아!', '부끄러운 줄 알아!'예요. 이 표현은 주로 아이들에게 사용하지만 때로는 어른이라 할지라도 마치 어린아이처럼 행동했다면 비난의 어조로 사용할 수 있죠.

유사표현 You ought to be ashamed! 부끄러운 줄 알아!

어휘정리 have a fight with ~와 싸우다, ~와 다투다　grow up 자라다, 성장하다
be sick and tired of ~이 지겹다

상황 학습 ── 상황 회화에서 배운 대화문을 복습해 볼까요?

한글에 맞춰 영어로 말해보세요.

● 지난밤 형과 싸웠어   I had _____

● 지겨워 죽겠어   I'm sick and tired of _____

● 또?   _____

● 창피한 줄 알아!   _____

● 언제 철들래?   When are you going to _____

Action English 118

제니가 퇴근 시간이 다가오자 잭에게 하루 일과를 끝내자고 얘기하는 상황이에요.

Are you ready? Action!

Ⓐ Time files like an arrow. Jack, it's time to wrap it up.
Ⓑ Yes, it sure is. Let's head home. What do you say?

Ⓐ 시간 참 빠르네요. 잭, 마칠 시간이에요.
Ⓑ 네, 그래요. 집에 갑시다. 어때요?

It's time to wrap it up. 끝낼 시간이 되었군요, 마칠 시간이에요.

퇴근 시간이 되면 하던 일을 중단하고 그만 가자고 하죠. It's time to wrap it up.이라 말해요. '끝낼 시간이 되었군요.', '마칠 시간이에요.'인데요, 동사 wrap 는 '포장하다'라는 뜻도 되지만 영화나 드라마상에서 '촬영을 완료하다'라는 의미도 되죠.

유사표현 **It's time to end.** 끝낼 시간이에요
It's time to finish up. 마무리할 시간이네요

어휘정리 fly like an arrow 화살처럼 흐르다 wrap up 마무리 짓다
head home 집으로 향하다

상황 회화에서 배운 대화문을 복습해 볼까요?

한글에 맞춰 영어로 말해보세요.

● 시간 참 빠르네요

● 잭, 마칠 시간이에요

● 네, 그래요

● 집에 갑시다   Let's

● 어때요?   What do you

Action English 119

상황 회화 — 피터가 러블리에게 음악 소리 좀 줄여달라고 부탁하는 상황이에요.

Are you ready? Action!

Ⓐ Would you mind **turning** down the music? It's too loud.

Ⓑ I'm sorry? What did you **say**? I didn't catch you.

- -

Ⓐ 음악 소리 좀 낮춰주시겠어요? 너무 커요.

Ⓑ 뭐라고 하셨죠? 무슨 말하셨어요? 못 알아들었어요.

상황 표현

I'm sorry? I didn't catch you. 뭐라고 하셨죠? 못 알아들었어요.

잠시 딴생각으로 상대방의 얘기를 제대로 알아듣지 못했다면 다시 한번 말해 달라고 부탁하게 되죠. **I'm sorry? I didn't catch you.**입니다. '뭐라고 하셨죠? 못 알아들었어요.'의 뜻이죠. 여기서 동사 **catch**는 '붙잡다'가 아닌 '이해하다' 예요.

유사표현 **Excuse me? I didn't catch you.** 뭐라고 하셨죠? 못 알아들었어요

어휘정리 turn down the music 음악 소리를 낮추다 too loud 너무 큰

상황 학습 — 상황 회화에서 배운 대화문을 복습해 볼까요?

한글에 맞춰 영어로 말해보세요.

● 음악 소리 좀 낮춰주시겠어요?   Would you mind -ing

● 너무 커요   It's too

● 뭐라고 하셨죠?

● 무슨 말하셨어요?   What did you

● 못 알아들었어요

Action English 120

상황회화

리차드가 우유에 알레르기 있다고 말하는 상황이에요.

Are you ready? Action!

Ⓐ Is there anything you can't drink?

Ⓑ Yes, there is. I'm allergic to milk. That's why I don't like it.

- -

Ⓐ 못 마시는 게 있어?

Ⓑ 응. 있어. 난 우유에 알레르기가 있거든. 그래서 우유가 싫어.

상황표현

I'm allergic to milk. 우유에 알레르기가 있어요.

음식을 가려서 먹는 사람이 주위에 많아요. 이런 사람들 대부분이 자신은 어떤 것에 알레르기가 있다고 말하죠. 숙어로 be allergic to는 '~에 알레르기가 있다' 입니다. 우유에 알레르기가 있다면 I'm allergic to milk.처럼 표현하면 돼요.

유사표현 **I have an allergy to milk.** 우유에 알레르기가 있어요

어휘정리 drink 마시다 like 좋아하다

상황학습

상황 회화에서 배운 대화문을 복습해 볼까요?

한글에 맞춰 영어로 말해보세요.

- 못 마시는 게 있어? Is there _____

- 응, _____

- 있어 _____

- 난 우유에 알레르기가 있거든 _____

- 그래서 우유가 싫어 That's why _____

122

...is over ~이 끝났어요

하던 일이 끝났거나 공연이나 영화 또는 경기가 끝났다고 할 때 ...is over 패턴으로 표현하는데요, 의미는 '~이 끝났어요'예요.

Our meeting **is over.**　　　　　　　　　　　우리 모임은 끝났어.

The game **is over.**　　　　　　　　　　　　　그 경기 끝났어요.

123

I had... ~이 있었어요

과거에 자신에게 있었던 것을 얘기할 때 I had... 패턴을 사용합니다. '~이 있었어요'로 단순히 과거의 사실을 말하는 거예요. 즉, 현재 그것을 계속 가지고 있는지 없는지는 전혀 알 수가 없죠.

I had a car.　　　　　　　　　　　　　　　차가 있었어.

I had a date yesterday.　　　　　　　　어제 데이트가 있었어요.

124

I'm sick and tired of... ~이 지겨워 죽겠어요, ~이 지긋지긋해요

늘 같은 음식을 먹거나 같은 일을 하게 되면 나도 모르게 '~이 지겨워 죽겠어요'라든지 '~이 지긋지긋해요'라고 말하며 푸념하게 되죠. I'm sick and tired of...에서 be sick and tired of가 '~이 지겹다'의 뜻입니다.

I'm sick and tired of doing house chores.　　집안일 하는 게 지겨워 죽겠어.

I'm sick and tired of instant noodles.　　　　라면이 지긋지긋해요.

When are you going to...? 언제 ~할 거예요?

미래에 할 일을 나타낼 때 be going to+동사원형이 필요하죠. 이미 계획된 미래를 나타낼 때 주로 사용합니다. When are you going to...?는 '언제 ~할 거예요?'로 언제 마음먹은 일을 할 것인지 상대방에게 물어볼 때 유용한 패턴이랍니다.

| **When are you going to** pay me back? | 언제 내 돈 갚을 거야? |
| **When are you going to** leave? | 언제 떠날 거예요? |

Would you mind -ing? ~해도 괜찮겠습니까?

대화 도중에 상대방에 뭔가를 부탁하고 싶을 때가 생기면 때에 따라서는 공손하게 말해야 할 필요가 있습니다. Would you mind -ing? 패턴은 '~해도 괜찮겠습니까?'로 이 말 자체에 공손함이 포함되어 있는 거예요.

| **Would you mind** repeating that again? | 다시 말씀해주시겠습니까? |
| **Would you mind** opening the door? | 문 좀 열어주시겠습니까? |

Is there...? ~이 있어요?

어떤 것이 '있다', '없다' 할 때 there is(are)가 필요하죠. 이 말을 가지고 Is there...?이라고 하면 '~이 있어요?'로 뭔가 있는지 물어보게 되는 거랍니다.

| **Is there** a bank nearby? | 근처에 은행 있어요? |
| **Is there** a problem? | 문제라도 있어? |

ACT

25

ACT_25.mp3

Action English Preview

상황 회화

제임스가 자신의 실수에 대해 꼭 사과해야 하는지를 엠마에게 물어보는 상황이에요.

Are you ready? Action!

Ⓐ You mean I have to apologize you for my mistake?
Ⓑ Oh, no, that's not what I meant. Don't take this the wrong way. Okay?

Ⓐ 너에게 내 실수에 대해 사과해야 한다는 말이야?
Ⓑ 오, 이런, 내 말은 그게 아냐. 오해하지는 말아줘. 알았지?

상황 표현

Don't take this the wrong way. 오해하지는 말아요.

자신이 한 행동이나 말에 상대방이 오해를 하고 있다면 '오해하지 말아요.'라고 말하면서 양해를 구하게 되죠. Don't take this the wrong way.입니다. 즉, 이 것을(this) 잘못된 방식(the wrong way)으로 받아들이지 마(don't take)를 얘 기하는 거죠.

유사표현 **Don't misunderstand me.** 오해하지 마
Don't get me wrong. 오해하지 마

어휘정리 mistake 실수　mean 의미하다

상황 학습

상황 회화에서 배운 대화문을 복습해 볼까요?

한글에 맞춰 영어로 말해보세요.

● 너에게 내 실수에 대해 사과해야 한다는 말이야?　I have to

● 오, 이런,

● 내 말은 그게 아냐

● 오해하지는 말아줘

● 알았지?

Action English 122

상황 회화 — 글로리아가 택시에서 내리며 택시 기사에게 잔돈은 가지라고 얘기하는 상황이에요.

Are you ready? Action!

Ⓐ Drop me off here, please. Here is a ten-dollar bill. Keep the change.
Ⓑ Thank you. Have a good trip.

Ⓐ 여기서 내려주세요. 10달러 지폐 여기요. 잔돈은 가지세요.
Ⓑ 고맙습니다. 좋은 여행 되세요.

상황 표현

Keep the change. 잔돈 가지세요.

여행을 하다 보면 어쩔 수 없이 택시를 타야 할 경우가 있어요. 주변 지리에 낯설기 때문이겠죠. 택시를 이용해 목적지에 도착한 다음 요금을 묻고 나서 잔돈이 남으면 Keep the change.처럼 말해요. 의미는 '잔돈 가지세요.'입니다.

유사표현 I want you to keep the change. 잔돈은 가졌으면 해요

어휘정리 bill 지폐, 계산서 trip 여행 drop me off 날 내려주다

상황 학습 — 상황 회화에서 배운 대화문을 복습해 볼까요?

한글에 맞춰 영어로 말해보세요.

● 여기서 내려주세요

● 10달러 지폐 여기요   Here is

● 잔돈은 가지세요

● 고맙습니다

● 좋은 여행 되세요   Have a

Action English 123

**상황
회화**

차에서 내리는 로지에게 칼이 머리 조심하라고 말 건네는 상황이에요.

Are you ready? Action!

Ⓐ Watch you head when you get out the car.
Ⓑ I got it. Don't worry. Thanks for your concern.

Ⓐ 차에서 내릴 때 머리 조심해.
Ⓑ 알았어. 걱정 마. 걱정해줘서 고마워.

**상황
표현**

Watch your head. 머리 조심해.

길을 걷다가 자칫 부주의로 머리를 다칠 수가 있어요. 잘못하다 보면 나뭇가지
나 문에 머리 부딪힐 수 있거든요. Watch your head.는 '머리 조심해.'로 동사
watch에는 '조심하다', '주의하다'의 의미가 있죠.

유사표현 **Watch out.** 조심해
Look out. 조심해

어휘정리 get out the car 차에서 내리다 concern 걱정, 관심

**상황
학습**

상황 회화에서 배운 대화문을 복습해 볼까요?

한글에 맞춰 영어로 말해보세요.

● 머리 조심해

● 차에서 내릴 때

● 알았어

● 걱정 마   Don't

● 걱정해줘서 고마워   Thanks for

Action English 124

상황 회화

제니가 레스토랑 직원에게 물 좀 갖다 달라고 부탁하는 상황이에요.

Are you ready? Action!

Ⓐ Excuse me, sir. How would you like your steak done?

Ⓑ I'd like it well done. And please get me some water. I'm a little thirsty.

Ⓐ 실례지만, 손님. 스테이크는 어떻게 해 드릴까요?

Ⓑ 바싹 익혀주세요. 그리고 물 좀 갖다 주세요. 목이 좀 말라서요.

상황 표현

Well done. 잘했어요, (음식) 바싹 익혀주세요.

레스토랑 같은 곳에서 음식을 주문하고 난 뒤 Well done.이라고 하면 '바싹 익혀주세요.'예요. 하지만 이 말이 '잘했어요.'처럼 상대에게 뭔가를 칭찬할 때도 사용할 수 있어요.

유사표현 **Good job.** 잘했어요
You did well. 잘했어
Nice work. 잘했어

어휘정리 water 물 a little 좀, 약간 thirsty 갈증 나는

상황 학습

상황 회화에서 배운 대화문을 복습해 볼까요?

한글에 맞춰 영어로 말해보세요.

● 실례지만, 손님

● 스테이크는 어떻게 해 드릴까요?

● 바싹 익혀주세요   I'd like

● 그리고 물 좀 갖다 주세요   Please

● 목이 좀 말라서요   I'm a little

상황
회화 ── 토니가 신디에게 어제 본 영화 제목이 기억나는지 물어보는 상황이에요.

Are you ready? Action!

Ⓐ Do you remember the title of the movie we saw yesterday?

Ⓑ Well, it's on the tip of my tongue. It was something about "pirates".

- -

Ⓐ 어제 본 영화 제목 기억나?

Ⓑ 글쎄, 그게 뭐였더라? 해적에 관한 거였는데.

상황
표현 ## **It's on the tip of my tongue.** 그게 뭐였더라?, 입안에서만 맴돌아.

때로는 뭔가가 입안에서 맴돌기만 하고 갑자기 생각이 안 나 당황할 때가 있어요. 네이티브들은 It's on the tip of my tongue.이라고 말하죠. '그게 뭐였더라?', '입안에서만 맴돌아.'입니다. 직역하면 '그것이 내 혀 끝 위에 있다.'로 뭔가가 입 밖으로 바로 튀어나오지 못하는 상황을 말하는 거예요.

유사표현 **I can't tell you offhand.** 지금 당장은 말 못 하겠어

어휘정리 **remember** 기억하다 **title** 제목 **movie** 영화 **yesterday** 어제

상황
학습 ── 상황 회화에서 배운 대화문을 복습해 볼까요?

한글에 맞춰 영어로 말해보세요.

● 기억나?   Do you _____

● 어제 본 영화 제목   _____

● 글쎄,   _____

● 그게 뭐였더라?   _____

● 해적에 관한 거였는데   _____

ACT **25** 패턴 익히며 암기하기

128

I have to... ~해야 해요

일을 하다 보면 좋아서 하는 일도 있지만 어쩔 수 없이 해야만 하는 일도 있어요. I have to... 패턴이 바로 그렇죠. '~해야 해요'로 반드시 행동으로 옮겨야 만 하는 일에 대해 표현할 때 사용하는 패턴이에요. 이 말 속에는 '당위성'이 내포되었어요.

I have to be there. 난 거기 가야 해.

I have to help him. 난 그를 도와야 해요.

129

I would like... ~ 주세요, 난 ~을 원해요

동사 like는 '좋아하다'인데요, 조동사 would를 넣어 I would like...처럼 표현하면 '~ 주세요', '난 ~을 원해요'의 뜻이 되죠. 내가 바라고 원하는 것을 달라고 공손하게 부탁할 때 사용합니다.

I would like that one. 저거 주세요.

I would like some water, please. 물 좀 주십시오.

130

I'm a little... 난 좀 ~해요

현재 자신의 기분이나 상태를 말할 때 사용하는 기본 패턴은 I'm...이에요. 이 패턴에 so(너무), really(정말) 또는 a little(조금) 따위를 넣어 좀 더 구체적으로 표현할 수 있는데요, I'm a little... 패턴은 '난 좀 ~해요'의 뜻입니다.

I'm a little upset. 좀 속상해.

I'm a little embarrassed. 좀 당황스럽네요.

131

Have a... ~ 가지세요, ~ 보내세요

만남이 있으면 아쉬운 작별이 꼭 있게 마련이에요. Have a... 패턴으로 상대에게 말하게 되면 '~ 가지세요', '~ 보내세요'의 의미예요.

Have a good day.

좋은 하루 보내.

Have a great weekend.

멋진 주말 보내세요.

이번엔
영어다!

0순위

상황회화
핵심표현